JN035225

図書館のための出版キイノート **3**

編集の実務と印刷・紙・製本

宮沢厚雄

樹村房

はじめに

本シリーズ「図書館のための出版キイノート」は，図書館で働く方がた
すべてにとって必要と思われる出版の知識を，平易に簡明に説いたもの
です。出版の全体をいくつかのトピックに分け，それぞれを噛み砕いて
論じています。日々の業務の一助になればと念じました。

　出版（publishing）とは，文書や図画を販売・頒布する目的で複製し，
これを書籍や雑誌の形態で世に送り出す営みをいいます。狭義では書籍
出版のみを指しています。定日発売の商業雑誌を全国規模で創刊するに
は，事業者の側に定期的に刊行し続けるだけの資本力が無ければ，成り
立たせることができません。

　出版の本質は，複製（copy）にあります。中身を写し取り，オリジナ
ルと同一のものをもう一つ作り出そうとする行為が原点です。複製を念
頭に置いた素材には，古代では粘土板・木板・竹片・パピルス草・獣皮
などを数えます。これらの物理的な媒体に，鋭利な用具で刻み込むか，
インクや墨を用具に付着させて書き付けるといった技術的手段によっ
て，文字や象形が表現されたのでした。

　15世紀にグーテンベルク（Johannes Gutenberg）が，金属活字・油性
インク・圧力印刷機を用いた活版印刷の技術を創案すると，中国から伝
播してきた紙の製法と相まって，複製物を量産化する道が一気に拓けま

す。原本を肉筆で書き写し，数か月かけて一冊の写本しか仕上げられなかった作業工程が大幅に改善されました。

18世紀に著作権法（copyright law）が整備され，他人に勝手に複製されないよう無断使用を禁止する権利が確立します。著者（authorship）という概念が誕生したのです。海賊版は違法とされ，著者に対する利益還元の仕組みが整ったことで，出版はまさしく産業として成立したのでした。

19世紀には「読み・書き・そろばん」に始まる初等教育が義務化され，識字率が向上して大衆的な読者層が出現，出版産業は幅広い販路を得て大きく躍進します。

日本で近代的な出版産業が発展したのは，明治期です。それまでは，和紙に，和装で，墨蹟や木版印刷だった書物が，洋紙に，西洋式の製本で，活版印刷による製作へと大きく切り替わるのは，およそ明治20年代——西暦でいえば1887年以降——です。

活版印刷は，活字を組み合わせて印刷用原版をつくり，凸版印刷にかける方式です。近代日本の出版産業を支えてきました。明治期に新聞が文明開化を告げ，大正期は娯楽と修養で雑誌の時代を築き，昭和初期には安価な全集ものが席巻します。第二次世界大戦後は週刊誌が創刊され，新聞とは異なる視点を提供。文庫や新書のブームも繰り返されました。

1970年代になると，写真植字と平版オフセット印刷の組み合わせが普及します。それは女性ファッション誌の隆盛を促し，雑誌のもつ継続性や速報性に大判のビジュアル性が加わったのでした。また，コミック誌は平成に至るまで，テレビアニメ・実写ドラマ・ゲームソフト・キャラクター商品などから成る，巨大なマンガ文化を牽引しました。

平成の1990年代も後半になると，デジタル化とネットワーク化が進みます。組版用のDTPソフトが一般化して，写真植字を退潮させます。一方で，出版のコンテンツそのものがデジタル化され，インターネットでモバイル端末機に配信されるようになって，文字情報は写真・音声・動画といった表現形式と同列になったのです。

　令和の時代に本書は企画されました。紙の出版物，なかんずく書籍には，創発と蓄積に裏打ちされた職人的な技能が潜むことを確認し，そのエッセンスを受益したいというのが，そのねらいです。章立ては下記のとおり。第3章から第12章までは「編集の実務」の各論に相当します。

　　　　第1章　　　書籍と雑誌

　　　　第2章　　　編集の実務

　　　　第3〜5章　　原稿整理

　　　　第6章　　　造本設計

　　　　第7章　　　用紙選定

　　　　第8章　　　台割構成

　　　　第9〜11章　組版指定

　　　　第12章　　　校正作業

　　　　第13章　　　印刷の工程

　　　　第14章　　　製本の工程

本書は，編集を鳥の眼でもって俯瞰した「概論」であり，本づくりのイロハを伝える「階梯」ともいえ，なおかつ，書籍に関連するキイワードを網羅した「大全」でもあろうと努めました。小品ではありながらも紙幅の許すかぎり言葉を尽くしています。出版の全体像を筋目正しく整理するのに役立てる内容です。■

目　次

はじめに ──── 3

1 書籍と雑誌
──── 17

1.1.　書籍（1）定義　17
1.2.　書籍（2）版と刷　20
1.3.　雑誌（1）定義　24
1.4.　雑誌（2）継続性　26
1.5.　雑誌（3）広告掲載　29

2 編集の実務
──── 33

2.1.　集めて編む　33
2.2.　企画立案　36
2.3.　原価計算　38

3 原稿整理（1）漢字
—— 43

3.1. 用字用語のルール　43

3.2. 字種・字体・字形　45

3.3. 漢字の字体（1）常用漢字　47

3.4. 漢字の字体（2）人名用漢字　49

3.5. 漢字の字体（3）JIS漢字　51

4 原稿整理（2）仮名・数字
—— 55

4.1. 漢字とひらがなの使い分け　55

4.2. ひらがなの表記　57

4.3. 送り仮名の付け方　59

4.4. 数字の表記　61

4.5. カタカナ語の書き表し方　63

5 原稿整理（3）約物
—— 67

5.1. 区切り記号　67

5.2. つなぎ記号　71

5.3. くくり記号　73

5.4. 目印記号　76

5.5. 省略記号　79

6 造本設計
—— 81

6.1. 平と背　81

6.2. 上製本　83

6.3. 並製本　85

6.4. カバー＝ジャケット・帯紙・函　86

6.5. 見返し・花布・スピン　89

6.6. 小口・ノド　91

7 用紙選定
———— 95

7.1.　紙の製法　95

7.2.　判型（1）A列／B列規格判　99

7.3.　判型（2）菊判・四六判　101

7.4.　紙の種類　103

7.5.　印刷用紙　105

7.6.　紙の重さ　108

8 台割構成
———— 111

8.1.　前付　111

8.2.　本文　116

8.3.　後付　118

9 組版指定（1）版面形成
———— 123

9.1. 組版とその指定 123

9.2. 版面の配置 125

9.3. 文字組みの方向 129

9.4. 文字の書体 131

9.5. 仮想正方形（仮想ボディ） 133

9.6. 文字のサイズ（1） ポイント制 135

9.7. 文字のサイズ（2） 号数制 137

9.8. 文字のサイズ（3） 級数制 138

9.9. 字間・行間 141

10 組版指定（2）内部属性
—— 143

10. 1. 段落と字下げ　143

10. 2. 行頭と行末　145

10. 3. ウィドウとオーファン　150

10. 4. 行取り　151

10. 5. 行揃え　153

11 組版指定（3）外部属性
—— 157

11. 1. 注記　157

11. 2. ノンブル　160

11. 3. 柱　162

12 校正作業
———163

12. 1. 文字校正　163

12. 2. 初校ゲラ（1）引き合わせ　165

12. 3. 初校ゲラ（2）素読み　167

12. 4. 再校ゲラ・三校ゲラ・校了　169

12. 5. 色校正　171

13 印刷の工程
———173

13. 1. 印刷前工程（1）面付け　173

13. 2. 印刷前工程（2）トンボ・背標・背丁　175

13. 3. 印刷前工程（3）刷版の作製　177

13. 4. 印刷（1）印刷の方式　179

13. 5. 印刷（2）枚葉機と刷本　182

14 製本の工程
————185

14.1. 刷本と折丁　185

14.2. 折り加工　187

14.3. 折丁の綴じ加工（1）糸かがり綴じ　190

14.4. 折丁の綴じ加工（2）接着剤綴じ　191

14.5. 折丁の綴じ加工（3）針金綴じ　193

14.6. 表紙の装合（1）背固め前工程　195

14.7. 表紙の装合（2）背固め　197

14.8. 表紙の装合（3）くるみ製本　200

おわりに————207

索引　210

主要参考文献一覧　220

本書・繼・剛・印刷
細胞の美術子

1 書籍と雑誌

1.1. 書籍(1) 定義
1.2. 書籍(2) 版と刷
1.3. 雑誌(1) 定義
1.4. 雑誌(2) 継続性
1.5. 雑誌(3) 広告掲載

1.1. 書籍(1) 定義

一般に出版物は「書籍」と「雑誌」とに大別されます。この章では「紙の出版物」に限定して，書籍と雑誌のそれぞれの特徴を掘り下げます。

　まず書籍の基本的な特徴は，（1）単独の著者による，ひとまとまりの体系的な内容をもち，（2）比較的に堅牢な造本のもとで相当量のページ数を有して，単発刊行され，（3）そのつど一定数の読者を獲得する，という点にあります。

　一人の著者の手になる言説や物語は，一貫した叙述をもちます。その内容は千差万別で事々物々に筆が及び，他に容易に代替されるものではありません。記述が類をみない独自性を保てば保つほど，読者対象が絞

り込まれ，発行部数は限定されてしまいがちです。流布される数量は少ないながらも，中身の多様性から取りどりの書籍が上梓されてバラエティに富む傾向にあります。ときに，その確たるコンテンツは，地域をまたいで他言語に翻訳されて広まったり，長いあいだ読み継がれて古典に昇華したりする事例があります。場所を変えても時間を経ても，読むたびに新しい発見や忘我の境地を古今東西の読者に供するのです。

　繰り返し書架から出し入れされることを想定して，堅牢な造本となっている点も見逃せません。幾度となく掌がふれれば蔵書への愛着はいや増すのです。ぬいぐるみやフィギュアと同じように，指先でさわることのできるものは生き残ります。ふれるという感覚は，匂いとともに，動物としてのヒトがもつ，もっとも原始的な認知作用だからです。

　平手でつかみうる相当量のページ数を有し──国際標準規格ISO9707の定義では，書籍は表紙を除き49ページ以上。ちなみに，48ページ以下で5ページ以上はパンフレット。4ページ以下はリーフレット──，そうしたページの全体は冊子体として製本加工されています。冊子体とは，同一大の四角形に切った紙葉を束ね，その一辺を綴じ合わせた形態です。書籍の多くが縦位置（vertical position）にあり，冊子体として天地方向の長辺のひとつが綴じ合わされています。鉛直に立てたとき内部に重力をもつオブジェなのです。電気仕掛けではありません。

　いま，本を読んで理解できる年齢の人口を，かりに日本では1億人とするのならば，ミリオン＝セラーの100万という数字は実はたったの1％でしかありません。人気のあるTVドラマの視聴率が20％を越えると，かりに日本の世帯数を5,000万世帯とすれば，1,000万世帯以上に視聴されている事例にみるように，あるいは，音楽配信サイトで爆発的にヒ

ットしたという一つの証（あかし）が，もはや世界規模で1億回再生であるように，有線・無線の通信回線によりコンテンツを送受信するネットワーク型のテレビ放送やインターネット配信に比べると，書籍というパッケージ型の商品はかなり地味な存在であり，ごく少数の読者に限定されて受容されているという事実がわかります。

　書籍はまた他に代替の効かない商品です。多くの工業製品は決められた規格のなかでナンバー＝ワンを競うのですが，書籍の場合はオンリー＝ワンのみです。村上春樹の小説が書店に見当たらないからといって，村上龍のエッセイを代わりに買って読めばそれで済むなどとは，絶対にありえません。ただし，いくら村上春樹の大ファンだといっても，生涯にわたって春樹作品だけを読み続けて暮らすわけにはいかないのです。個人の趣味嗜好は年輪を重ねれば変転するものなので，読者ニーズに逐一対応した豊富な選択肢が必要となります。

　千姿万態が求められる出版の世界で，一人勝ちはありません。半世紀以上も前に書かれた作品であっても，復刻版や文庫化でリバイバルし，価値が減じることなく新しい商品として通用したりもします。ときには出版社の側が，この作品を多くの人に知ってもらいたいとか，この企画は埋もれてはならないといったように，強固な志（こころざし）を掲げて出版活動に踏み出す事例があります。これまでにない内容を世に問うことからして多様性の幅を広げており，そこには賭博的な要素が非常に大きいのですが，それもまた出版業の一つの魅力となっています。

　単著の単行書で代替の効かない少量生産というのが書籍の本質ですが，実際のところの有りようは実に各種各様です。基本的な特質から外れた「例外的な書籍」の類いもまた数多くみられるのです。一冊のなか

に複数作品を収録した合集，継続して刊行されるセットものやシリーズもの，カジュアルな造本の文庫や新書，ビジュアル主体の絵本・図鑑・画集，単年度で消費される学習参考書・資格検定書・旅行案内書，それに，流通上で雑誌扱いされるコミックスやムック，などです。要は，書籍に雑誌的な要素が加味されて変則的な出版物が生まれたのです。

　なお，「書籍」「図書」「本」「冊子」「書物」「典籍」といった語は，みな同義です。出版の世界では「書籍」の語を用い，図書館界は「図書」と呼称しています。

1.2. 書籍（2）版と刷

ところで——少量ながらも複製品である書籍においては，「版（はん）」という概念が重要です。**版**（edition, version）とは，本来は，出版物の印刷時にインクを塗布する面をいいました。紙面にインクを転写するための，印刷用原版（printing plate）の意です。

　印刷用原版は，木版印刷であれば文字を彫りつけた板材であり，活版印刷では金属活字を型枠に嵌めて組み上げた活字原版，あるいは，いったん紙型を経てつくられた鉛版です。平版オフセット印刷であれば，版下台紙を製版カメラで撮影しフィルムを介して焼き付けるか，あるいは，面付け済みのデータを直接に焼き付けた，アルミ素材の刷版です。

　この印刷用原版という原義から転じて，版の意味は，（1）版に盛られている「内容」を指し示すとともに，（2）その内容を世に問うための「出版形態」の意も含むようになりました。

前者（1）の版は，英語では「edition（**エディション**）」です。版に盛られている「内容」とは，換言すれば，同じ出版社のもとで，同一の印刷用原版から何度も複製される，コピーの全体です。

版（エディション）が同じならば，出版内容はすべて同一であり，出版物としての造本・用紙・組版体裁なども同じです。最初の原版からのすべてのコピーを「初版」（あるいは「第1版」）といい，内容そのものに実質的な変更や加筆がなされて原版のもつ文字列が大きく更新されれば，「第2版」「第3版」と，改変の順序を表示します。序数ではなく「改訂版」「補訂版」「増補版」「新訂版」などの言い回しを用いることもあり，版歴の表示に関する明確な決まりはありません。

すなわち，前者（1）の版（エディション）の表示は，当初の内容が時系列にそって大きく改変されていく順を示しており，更新されたものを総じて「別版」「別版本」「別本」と称します。内容は変更されていますが，引き続き同じ出版社から刊行されており，造本・用紙・組版体裁も同じです。ただし，文字列の増減で一部の組版体裁がズレていたり，ページが変わっていたりという事実はあります。

後者（2）の版は，英語では「version（**バージョン**）」です。原版の内容を世に問うための「出版形態」とは，同じ内容でありながらも，外装・版元・媒体を異にしている出版物を意味しています。

異相はまず，造本・用紙・組版体裁に見出され，「総革版」や「文庫版」のような外装・造形の違いとなります。さらに，古刊本の「駿河版」や「五山版」のように印刷所・出版社の異同，あるいは「印刷版」「オンライン版」といったメディアの隔たりが，この版（バージョン）での表示です。「復刻版（覆刻版）」も，版（バージョン）の表示に含まれます。

復刻版は原本の造本・用紙・組版体裁などを忠実に再現して、原本とは別の出版社から刊行されたものです。写真製版技術を使って複製することから「ファクシミリ版」「リプリント版」とも呼ばれます。

すなわち、後者（2）の版（バージョン）の表示は、同一の内容が形態・版元・媒体をまたいで広がっていく様を示しており、これらは「異版」「異版本」「異本」と総称されます。

注意すべきは、この版（バージョン）の意味から派生して、単なるキャッチ＝コピーの機能しかもたない冠称がタイトルに付けられている事例です。他に異版本が存在しないのにもかかわらず、当該書籍のみが「ビジュアル版」「保存版」「決定版」などとうたっているケースがあるのです。ちなみに、コンピュータのソフトウェアは「version」の語で内容の更新・改変の順を表しているので、こちらも要注意です。

書籍の奥付で、版（エディション）とペアで使われているのが、「刷（すり）」の表示です。**刷**（impression）とは、同じ出版社のもとで、同じ印刷用原版から刷り出された、一回分のコピーをいいます。前回の印刷から時期を隔てて、さらに必要な部数を印刷機にかけて複製した事実が、刷の表示です。刷り出された内容は前回分と同一です。

刷の表示は、内容上での更新・改変を行なわずに一定の部数を改めて複製した、その順番を示しています。明らかな誤植を直した「小さな訂正」は、更新・改変が無いものとみなします。

刷を実施することを「増刷（ぞうさつ／ましずり）」、あるいは「重版（じゅうはん）」と呼んでいます。新刊広告にみる「重版出来（じゅうはん しゅったい）」は、部数の刷り増しが出来上がった事実を告げており、当該書籍の売れ行き好調をアピールしているのです。

奥付では，版（エディション）と刷の表示に，発行年月日を組み合わせて，更新・改変の順や増刷の頻度が示されます。ただし，版歴の表示に明確な決まりはなく，出版社によって文言は異なります。たとえば，年月日併記で「初版第1刷」「初版第2刷」「初版第3刷」と続くとき，最初の刷次の「第1刷」が省かれたり，途中経過の「初版第2刷」は略されたり，「初版第3刷」では「初版」が省かれて最新の刷次である「第3刷」のみとなったりします。つまり，年月日「初版」発行，年月日「第3刷」発行，と表示されます。その後に「第2版第1刷」と更新されたとすれば，初版時の途中経過と最初の刷次は省かれて，年月日「初版」発行，年月日「第2版」発行，となったりします。その第2版の増刷時には版次のほうが略され，最新の刷次のみが表示されたりします。

　参考までに，洋書では標題紙ウラなどの著作権表示があるページに，下記のような数列が印刷されていることがあります。

　　　10 9 8 7 6 5 4 3 2 1
　　　1 3 5 7 9 10 8 6 4 2

この数列のなかの最小の数値が，刷次です。上記の例はいずれも第1刷であって，第2刷になると「1」の数値が取り除かれます。活版印刷の時代に「2nd impression」の文字列を新たに組み上げる代わりに，金属活字の「1」を物理的に削り取って済ませたからです。上段の数列では刷次を重ねるたびに右側から順に取っていくし，下段の例では両端から交互に取り去ります。活版印刷の慣習が受け継がれているのです。

　初版で初刷の書籍が好まれるのは，初物（はつもの）を珍重する風潮以上に，木版印刷の時代に後摺りのものほど文字がつぶれて読みにくくなったという実用面での経緯があるためです。現在では，初版第1刷は

誤記・誤植を含む蓋然性がどうしても大きいので，信頼性が不可欠の参考図書などでは，避けた方が無難と考えられています。

　なお「再版」とは，原版が磨滅したことで印刷されるページ面がかすれるなどしたときに，同じ内容のままで新たに活字を組み直して刊行したものをいいます。内容の更新・改変はありません。

1.3. 雑誌（1）定義

出版物である<u>雑誌</u>は，（1）複数の執筆者が，それぞれにしたためた最新記事を束ね，（2）簡便な製本仕様で，同じ題号のもとに一定の間隔をおきながら分冊刊行され，（3）毎号とも，ある程度の固定された読者層を保持しているというのが，基本的な特徴です。

　雑誌は大きく，一般大衆向けの「記事」を掲載して市販される**商業雑誌**（magazine）と，学術研究の成果である「論文」を収録し，年会費の徴収で運営されて会員頒布される**学術雑誌**（journal）とに分かれます。

　もともと雑誌というメディアは，17世紀半ばに学術雑誌として始まりました。研究者のあいだで学術成果の報知という役割を担っていたのです。当時すでに市民権を得ていた新聞に範をとり，研究生活の消息を仲間内で定期的に知らせ合う「手紙の束」という性格のものでした。イギリスではアマチュア研究者の私的なグループから，フランスでは国家主導で集められた研究者集団から，同じ1665年に英仏のおのおので学術雑誌が創刊されました。それが嚆矢です。世紀が変わった1731年になって，世俗の時事ネタや社交界のゴシップを満載して学術色は皆無の雑

誌がイギリスで創刊されると，これを契機に商業雑誌としての存在が確立され，学術雑誌からは枝分かれしていったのでした。

商業雑誌の**記事**には，トレンドの解説や教養・娯楽のレポートが掲載され，雑誌の編集者が取材して執筆する場合もありますが，基本的には外部の無名のライターや名のある作家に執筆を依頼して，原稿料が支払われます。一方で学術雑誌の**論文**には，他の人に先駆けて成し遂げた専門的な研究成果が収載されているのですが，研究者（あるいは研究チーム）からの自主的な投稿というかたちを取り，査読制度を経て評価の認定されたものが掲載されます。論文の著作権は学術雑誌サイドに帰属するものの，原稿料は発生せず，逆に掲載料の支払いを求められるケースもあるのです。本書では以下，「雑誌」といえば商業雑誌を指すものとします。

雑誌は，複数記事の集合体です。一定の編集方針のもとで，各方面からの種々多彩な記事を集めて配列し，一冊にまとめて読者に提供しています。それぞれの記事はそれぞれに個性をもちつつも，一つの題号をもった雑誌という器（うつわ）のなかに収まります。視覚的な工夫を凝らしたレイアウトにしたがい，記事ごとに変化をつけた誌面構成のもと，適切に配置されているのです。

雑誌は，世の中の新しい話題をタイムリーに伝える媒体なので，終期を予定せずに一定の刊行頻度でもって継続的に刊行されます。発売日に確実に書店やコンビニに並ぶように，編集の実務，とりわけ印刷製本の作業進行は厳密に管理されています。速報性という点で，最新号にのみ商品価値があるのは周知の事実ですが，それも次の号が発行されるまでの短期的なものに過ぎません。各号のクオリティにもバラつきが認めら

れます。雑誌の寿命は短いのです。発行サイクルごとに短時日で印刷製本の作業が繰り返されることから，長期保存に適した外装とはなっていないことも，書籍と比べると際立っています。内容上でも造作の点でも，雑誌は「読み捨てる」ことを前提に成り立っているのです。

　ただし，短期間に関心や見解を持続して公表するには，雑誌が比較的に労少なく，それでいて効力の確かな媒体だと考えられています。短歌・俳句の結社同好誌からアニメ・ゲームのサークル誌に至るまで，主義や嗜好を同じくする人たちが共同編集して自主刊行する同人誌が，いつの時代にも手売りや直販といった素朴な販売方法で拡散しているのは，このためです。政治や経済にかかわるグループがその勢力を浸透させる手段として雑誌を用いることもあります。行政機関の広報，一般企業のPR，政治集団のプロパガンダなどですが，みずから発行主体を名乗ることなく，出資者として編集の方向性をリードすることも行なわれています。比較的に小額の経費で表現の場をもつことが可能で，特定の読者層に向けた多大な影響力の行使を，少なからず実現できるメディアなのです。

1.4. 雑誌（2）継続性

雑誌は，定期的に刊行されます。「週刊」「旬刊」「隔週刊」「月刊」「隔月刊」「季刊」といった一定の間隔をおいて定日に発売されます。たとえば「毎週木曜日発売」「毎月一回25日発売」「毎月三回5の日発売」「年四回1，4，7，10月の1日発売」というように，発売日が明確に決

まっているのです。ただし，発売当日が日曜日にあたったり，発売日の週に祝祭日が挟まったりすることで，定日とズレる事例はあります。

　継続して刊行されるために順番を示す逐次番号が必要で，「巻号次」「通巻号数」「年月次」という三つの表示方法があります。第一は「巻」と「号」とを組み合わせた，**巻号次**です。巻（volume）はある一定期間の集合的な単位です。一般的には一年間ですが，その有期中に巻の数字は変わりません。号（number）は個別の物理的な単位で，巻の期間のあいだは一つずつ増えていく連番となります。一年が経つと巻数は一つ加算される一方で，号数のほうは再び第1号へと戻って割り振られます。第二は巻の表示を用いず，号のみで，つまり創刊号からの通し番号で示す**通巻号数**です。「通巻第〇号」というように表示されます。第三は，年や月といった暦の単位を組み合わせて逐次番号を示す**年月次**です。週刊誌なら「〇月〇日号」，月刊誌であれば「〇年〇月号」といった表示が，年月次です。

　注意すべきは，年月次で示される日付（**発行日**）が，実際に小売書店の店頭に並ぶ日付（**発売日**）よりも，未来の日付となっている点です。たとえば，月刊誌の「新年正月号」は前年の11月末には書店に並んでいます。その理由は，出版社側の意向として，定日発売された日付（発売日）以降，つまり当該の最新号が書店の店頭に陳列されているあいだは，表示上の「鮮度」をできるだけ保っておきたいが故です。次号が出るまでは，古くなったように見えない工夫を欲しているために，年月次の日付（発行日）には未来の日時が採られているのです。

　ただし，発行日と発売日とがあまりに乖離すると混乱するので，日本雑誌協会は自主基準として「雑誌作成上の留意事項」を設けています。

ここでは年月次（発行日）の表示の範囲を，週刊誌は発売日から15日先までの月日，月刊誌は発売日から45日先までの月，と定めています。

　通常は，一定間隔の頻度で発行される**本誌**（「通常号」とも）だけが刊行され続けるのですが，ときとして本誌に付随しながらイレギュラーに発行される「別冊」「増刊号」「合併号」といった号が存在します。

　別冊は，本誌と同時に発行される副次的な号です。理論的には本誌の発行ごとに出せるので，別冊そのものが本誌から独立して新たなタイトルを獲得し，誌名の脇に小さく元の本誌の別冊であるとうたいながら継続刊行されるケースもあります。**増刊号**（「臨時増刊号」とも）は，本誌の刊行頻度の合い間に出される臨時の号です。特集などが組まれて，本誌の発行サイクルとは別個に刊行されます。**合併号**とは，一時的に本誌の二号分が合わされて刊行されるものです。たとえば，週刊誌では，5月の連休，8月中旬のお盆，年末年始といった，休日が連続する時期に刊行されます。月刊誌では，当月号の発売が何らかの理由で滞ったときに，次月の号との合併号として刊行されたりします。

　雑誌には**付録**が付いている場合があります。そも「付録」には，（1）本文に対する付き物として添えられたもの（appendix）と，（2）雑誌の本体に対して付随的に添えられたもの（supplement）という二つの意味があります。「雑誌の付録」というときは「supplement」の用例ですが，そこにも，①本誌に綴じ込み・貼り込みか，それとも別添えか，②冊子体の印刷物か，印刷物以外の物品か，③掲載記事と関連するのか，しないものか，といった区別をつけることができます。雑誌の「別冊付録」とは，別冊という副次的な号を付録として本誌に添えたということであり，つまりは，本誌の内容と関連性をもつ別添えの印刷物です。

日本雑誌協会の「雑誌作成上の留意事項」は，2001年に付録の重量や寸法の規制を削除する大幅な改訂を行ないました。これを受けて付録つきの雑誌が増加。女性ファッション誌に添えられる，ブランドのロゴが入ったバッグやポーチなどの付録が社会的ブームとなりました。

　継続性を旨としているとはいいながらも，編集制作上での重篤な不祥事あるいは長期にわたる売れ行き不振といった経営上の事情から，「休刊」や「廃刊」が決定されて役目を終えることがあります。**休刊**は，ある期日のあいだ刊行を休むという措置で復刊する可能性を残した表現ですが，**廃刊**のほうは，その雑誌の発行を完全に中止し二度と復活しないことを意味します。ただ，休刊か廃刊かは出版社の意思表示が無いと区別はつきにくく，休刊をうたいながらも復刊の見通しの立たず，そのまま廃刊に追い込まれる雑誌も少なくありません。

　ちなみに，雑誌コードはその雑誌が休刊すると雑誌コード管理センターで二年間は保留され，そのあいだ元の雑誌が復刊しなければ，別の新雑誌が創刊されるときに再利用されます。また，雑誌のタイトルは商標登録されますが，商標権の有効期間は十年で，存続のためには十年ごとに更新が必要となります。休刊しても十年以内に一度も発行が無ければ商標権は消滅してしまうので，これが事実上の廃刊となります。

1.5. 雑誌（3）広告掲載

雑誌には，記事だけでなく広告も掲載されています。書籍には自社広告はあっても，料金をとって他社の製品やサービスの広告を載せることは

ありません。雑誌は書籍とは異なり，「販売収入」だけでなく，雑誌広告からの「広告収入」も期待できるのです。

　雑誌は，性別・年齢・職業・所得・趣味・嗜好などで細かく分化されており，それぞれに特有の世界観でもって編集され，読む人を取り込んでいます。ターゲットが絞られているので，その読者層に響く言葉であれば，普通の人がわからないような言い回しでも積極的に使われています。同じ価値観を共有できる人には独特な表現を使ったほうが，スムーズに意思疎通が図れるからです。ジャンル別に小分けされていく雑誌は，細分化された消費者のニーズと強く結び付き，そこに雑誌広告の意義が生まれています。読者は，他とは差異化された編集方針に同意して特定の雑誌を選り好み，購入して記事を受け入れて楽しみ，そこに掲載されている雑誌広告にも目をとめるのです。

　雑誌には上製本に見るような見返しはなく，しかも表紙の内側にも印刷がなされています。識別のために表紙まわりには名前が付いていて，「表1」はオモテ表紙の外側面，「表4」がウラ表紙の外側面で，「表2」はオモテ表紙の内側面，「表3」がウラ表紙の内側面となります。要は，オモテ表紙の表1からページを繰っていく順のネーミングです。

　表1以外でしたら，すべてのページが広告掲載の対象となり，他社の製品やサービスの広告が――明らかに広告とわかる**純広告**というかたちで――出広（「出稿」とも表記）されます。純広告は，広告主の側が（広告代理店に発注して）制作し，雑誌の広告掲載枠を買って掲載されるものです。読者にとっては，広告であることが明確に認知されます。

　純広告に対して，瞬時の見た目には記事と見分けのつかない**擬態広告**のページが存在します。記事と広告とが融合したような誌面は，「パブ

リシティ記事」「編集タイアップ広告」「アドバトリアル（advertorial）」「記事体広告」などと呼ばれ，広告主からの広告料金を原資に雑誌出版社サイドが制作して，掲載するものです。擬態広告は，読者が雑誌出版社によって編集された記事だと誤認する可能性があるので，そのページ内には「広告」「PR」「AD」などの表記を入れ，「提供」「協力」「タイアップ」といった言葉の後に，広告主の名前を明記すべきです。隠しノンブルとする配慮も必要です。擬態広告は，新聞記事・テレビドラマ・情報番組・映画興行・SNS発信などにおいても，その呼び名をさまざまに変えながら存在しています。

　広告収入の獲得だけを主たる目的として書店で販売される雑誌も，求人情報・海外旅行・不動産案内などの分野で存在します。広告収入を元に無料配布されるフリーマガジン（無料誌）も，想定読者層を絞りながら，街頭配布・戸別配布・職域配布・ラック置きで流通しています。広告をいっさい掲載せず，販売収入のみで刊行されている雑誌も，老舗の『暮らしの手帖』を筆頭に数誌があります。

　表4は広告面ですが，背近傍や下辺には奥付のデータが極小の文字で表示されています。掲載事項は，①タイトル，②巻号次・通巻号数・年月次，③刊行頻度，④発行日・発売日，⑤発行所・発売元のデータ（会社名・住所・部署名・電話番号・FAX番号・振替口座番号・URL），⑥発行人・編集人，⑦定価（消費税込み総額と本体価格），⑧印刷所・製本所，⑨原産地表示（「Printed in Japan」の文言），⑩「第三種郵便物承認」の文言，⑪雑誌コード・定期刊行物コード（雑誌），です。なお，法規制の名残りから雑誌の奥付データを「法定文字」とも呼びます。英語では「マストヘッド（must head）」。

第三種郵便物承認とは，郵便法で定める第三種郵便物の認可を受けておくと，通常の郵便物よりも低廉な料金で郵送できる制度です。ちなみに，郵便法では第一種が封書，第二種が葉書で，第四種郵便物は，視覚障碍者のための点字資料や録音資料，通信教育用の教材，農産物種子，継続して年一回以上は刊行する学術刊行物などの郵便物を指しています。

　日本郵便株式会社の「第三種郵便物利用の手引」によれば，第三種郵便物の認可には（１）年四回以上で，号を追って定期的に発行されること，（２）終期を予定しないこと，（３）あまねく発売されるもの，という条件が必要です。最後の「あまねく発売されるもの」とは，①定価を付して有償で販売されていて誰もが入手でき，②広告の掲載部分が全ページ数の二分の一以下で，③一回の印刷・発行が500部以上で，そのうち八割以上が有償で販売されていること，といった具体的な条件を満たしている必要があります。ただし，雑誌出版であれば必ず認可を受けなければならないというものではありません。

　認可を受けた場合は，（１）雑誌に「第三種郵便物承認」（あるいは「第三種郵便物認可」も可）の文字を記載するなどの「表示条件」を表１と表４の箇所で満たし，（２）雑誌を郵送する封筒のほうは，外部から「第三種郵便物承認」の表示が容易に視認できる開封梱包としなければなりません。開封梱包とは，封筒の納入口またはこれに相当する部分の，全部または大部分が開いている状態をいいます。

　以上みてきたように，この第１章では書籍と雑誌のそれぞれの特徴を掘り下げてきました。あくまでも「紙の出版物」に限定しており，パッケージ型の電子媒体やネット配信されるデジタル゠コンテンツは，ひとまず措くものとします。■

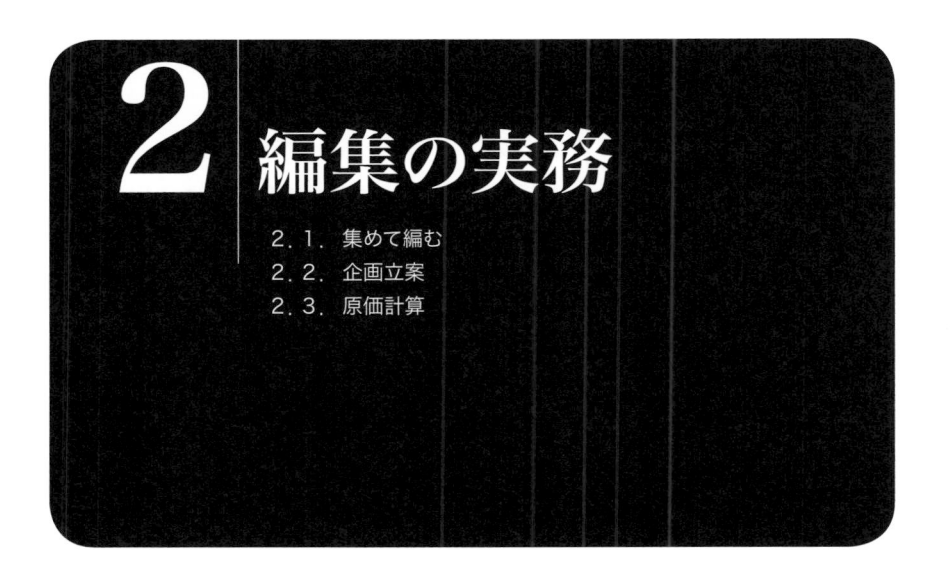

2 編集の実務

2.1. 集めて編む
2.2. 企画立案
2.3. 原価計算

2.1. 集めて編む

編集（editing）とは，特段の意図のもとで取捨選択した原稿などを，書籍や雑誌のかたちに適するように，整序していく作業をいいます。原義は「集めて編む」。必要な言説やビジュアル表現を選り集め，それらを効果的に組み合わせて，出版物へと仕立てていくのが，編集です。かつては「編輯」の表記で，いまの「集」は表外漢字「輯」の代用字です。

　出版（publishing）が文書や図画を複製して販売・頒布する営為だとすれば，その出版を恒常的に行なう組織体が出版社です。編集はといえば，その出版社において現場を支える日常の仕事になります。一定の方針にしたがって収集した素材を，仕分けて整理し，関連付けて配列して

いきながら，一つのまとまった刊行物として形にするプロセス——書籍でいえば，「企画立案」「原価計算」「原稿整理」「造本設計」「用紙選定」「台割構成」「組版指定」「校正作業」「契約法務」「進捗管理」といった，一連の実務を指しています。商業出版物の着想から始まって，印刷可能な状態へと調整を図り，公刊にまで持ち込んでいく，息の長い工程の総称です。

　この「編集」の語は，書籍・雑誌といった出版物のみならず，新聞についても用いられ，さらには映画フィルムや放送番組テープ，コンピュータ゠プログラムの手直しに対しても使われます。本書では以下，「編集」の語を書籍に限定して用い，必要に応じて雑誌にも適用します。

　ただし，書籍であっても単行書以外に多様な形態があり，その一つに複数作品を取り集めた合集（がっしゅう）と呼ばれるスタイルがあります。短編集やアンソロジー，それに「全集」「講座」「大系」などとネーミングされるセットものが該当します。同一著者の作品や特定主題の書き下ろし論文などを集め，体系的に整序して刊行されるものですが，このときの創作性を備えた選定と構成の作業もまた「編集」の語で示されます。ちなみに著作権法では，合集を「編集著作物」と称しています。

　さらには「編纂（へんさん）」という言葉があり，意味合いは合集における「編集」とほぼ同じながら，対象がどちらかといえば辞典・年鑑・社史といった資料価値の高い大仕掛けの企画ものです。合集の編集に比べると，編纂の出版物はより専門的な技量を必要とする領域にあって，かなり長期の作業に及ぶ作品が大半です。

　合集の編集も大型企画の編纂も，担当する者を「編者（へんじゃ）」（あるいは「編集委員」とも）と呼びます。出版社の外部で人選された一人

または複数人が編者として専従し，その氏名は表紙や奥付にクレジットされ，出版社との契約に基づき報酬が支払われます。

　出版社内で職業的に編集の業務に就くのが，**編集者**です。書籍編集では，基本的に一冊の書籍を一人の編集者が担当します。本づくりは，著者の脱稿を皮切りに，編集者を中核とした作業グループが結成され，最終的に刊行を見届けて解散する，一期一会の仕事です。

　単行書に関与するオペレーターやデザイナー，印刷・用紙・製本の担当など，各パートを受け持つメンバーは常に同じ顔ぶれではなく，全員が一堂に会する機会も皆無です。担当チームの誰もが黒衣（くろこ）に徹しているのであって，編集者の名前も奥付に掲示されることはありません。各人はそれぞれの持ち場における専門職なので，現場では見解の相違が生じる場面も少なくないのですが，その軋轢をとことん突き詰めて高次元のクオリティへと昇華させていく技量こそ，まさしく編集者の持ち分です。

　編集者の仕事を外部委託することもあり，代行する事業者を「編集プロダクション」と呼びます。編集プロダクションには法人登記をしている業態もあれば，フリーランスの編集者がゆるやかに集う任意団体もあります。出版社とのあいだで契約を結び，編集実務の一部あるいは刊行に至るまでの全作業を請け負います。

　ちなみに，雑誌の場合は複数の編集者がワンチームとなって，おのおの分担して毎号の誌面を受け持ちます。集団体制で一冊の雑誌の編集業務にたずさわっているのです。雑誌単位で編集者を束ねている統括責任者は「編集人」ですが，この言葉は雑誌の奥付での表記に用いられるものであって，社内での一般的な呼称は「編集長」です。

2.2. 企画立案

さて——編集の実務は企画立案から端緒が開かれます。書籍の構想を案出することで，編集の第一歩が踏み出されるのです。

企画とは何か，それは編集者の問題意識です。常日頃から周囲に好奇心のアンテナを張り巡らせ，「何かがおかしい」「こうであったらいいのに」といった小さな気づきを見出します。日常の自分ごとを出発点に，当たり前で具体的な問いを積み上げつつも，その関心が市井のニーズからズレてはいないか，ハズレてはいないかを見極めます。

アイデアの深部を掘り進めながら，これまで表に出てこなかった当事者の声を拾い，手つかずの原資料を発掘して，森羅万象に対する自身の違和感を自覚的に感じ取る。世の中で生まれている変化の兆しを逃さず，どこかに新しい共通項があるのではないか，いままでにない視点で切り込んでいけないのかを熟考し，企画の「タネ」を醸成させていく。

多くの人が「これぐらいは知っているはず」「おそらく考えているだろう」という地点から，半歩分だけ先んじるようなテーマ設定が求められます。読者を置いてきぼりにせず，手を伸ばせば届くほどの距離感を保つのです。むろん編集者として心底打ち込めるだけのモチベーションが伴っているのか，みずからに真摯に問うことも必要です。

企画が頭のなかで練られ始めたならば，その内容は言葉で表現せねばなりません。メモ書きの段階を経て端正に文章化し，客観的な判断が可能なように**企画書**として起案します。企画書には，書籍であれば，①仮タイトル，②著者の人となり，③簡潔な内容紹介，④企画の意図，⑤体

裁と総ページ数，⑥価格帯と想定部数，⑦目次構成案，⑧読者ターゲット，⑨類書との差別化策，⑩刊行スケジュールなどが記されます。

　企画書は編集会議の場に提示され，プレゼンテーションの後に同席者からの質疑応答を受け付けます。合議によって内容が揉まれ，微調整や軌道修正も加わったうえで，最終的に発刊の是非が審判されるのです。企画の社内調整は編集者にとっての最初の関門となります。

　企画内容は千態万状です。単独著者の書き下ろしだけにとどまらず，雑誌連載の集成や権利を取得した海外作品の翻訳，特定テーマの元に詩歌や文章を選りすぐるアンソロジーの制作，著作権保護期間が満了した過去作の復刻版，既製の作品の翻案や続篇，聞き取りや対談を文字起こしにより取りまとめるといった，豊富な事例があります。

　全巻完結まで複数年を要するような，出版社の胆力が試される大型事案が断行されることもある。編集者の信念と熱意に強く裏打ちされた発議もあるでしょう。著者やフリーランスの編集者が企画じたいを持ち込んでくるケースもあります。

　どのような案件にせよ，社内で発刊が決まったとなれば，担当する編集者は編集作業に没入します。書き下ろし作品の場合であれば，著者との交渉を重ねたうえで企画意図を丁寧に説明し，諒承が得られれば執筆依頼を経て，原稿入手の手筈を整えていきます。

　挿画・写真・グラフ・紋様などのビジュアル表現が必要ならば，イラストレーターやカメラマンを人選します。装訂や組版指定にデザイナーを起用するのであれば，やはり企画意図を伝えて求めている成果物を形にしてもらいます。校正作業の委託もありえます。印刷所・製紙会社・製本所も適切に選定していかねばなりません。

2.3. 原価計算

原価計算では，本づくりに要する実費を算定し，一冊あたりの経費から利幅を含む売価を導出します。本の完成までに何度か試算されます。

まず企画書の時点で，ごくおおまかな体裁と総ページ数の見当から，考えうる価格帯と部数の試案が提示されます。読者ターゲットに合わせた類書の市価にならって，おおよその販売価格が導かれるのです。

次に原稿整理の段階で，判型を明確に定めて組版指定がなされ，原稿枚数から予定ページ数が概算されます。そのうえで，表紙・標題紙・見返し・カバー＝ジャケット・帯紙などが詳細設計され，造本の有りようが具体的に取り決められていきます。選定された印刷会社に依頼して束見本がつくられ，仮設部数をもとに装訂・組版・校正・印刷・用紙・製本などの製作原価が見積もられるのです。外部委託するのであれば，装訂や組版の費用，校正費，イラストや撮影の経費その他も，見積依頼のうえで製作原価に含めます。こうした外注作業を内製化し，社内人件費として計算外とすれば，製作原価は大幅減となります。

校正作業が進捗し校了が近づく時期には，定価と製作部数を最終的に確定させなければなりません。部数が少なければ，装訂・組版・校正などの固定費が定価に跳ね返って高額になりますが，たくさん印刷すれば固定費は相対的に小さくなり定価は抑えられます。一方で印刷・用紙・製本などの変動費は，冊数に比例して増減します。見積書から製作原価の構成要素を丹念に拾って積み上げつつも，この値段ならこのくらいは捌けるだろうと，過去の実績を参考にしながら世間の潮流を読み切って

定価を検討する場面もあります。最終決定の定価と部数で販売したとき
に、製作原価と印税とを差し引いて、利益が出るか否かも確認します。

　再版制度の下では、小売価格が「定価」として固定されているので、
取次会社に出版物を卸すときの価格は、末端の定価に一定の割合を掛け
合わせることで設定されます。この掛け率を「正味（しょうみ）」と呼
ぶのですが、それは同時に流通手数料の配分比率となります。定価は、
カバー＝ジャケットのウラに消費税抜きの本体価格が表示され、スリ
ップのボウズの箇所に消費税込みの総額表示と税率とが印字されます。

　著者への報酬である印税は「定価×印税率×部数」で算出します。こ
のときの定価は消費税抜きの本体価格です。印税率は一般的に10％で
すが、小規模な出版社や学術系の版元では８％以下の提示も珍しくあり
ません。部数については発行部数か、あるいは実売部数かの、二つのパ
ターンがあります。**発行部数**の方式では印刷された総部数から印税が計
算され、発行日から起算して月末締めの、翌月末もしくは翌々月末に全
額の支払いがなされます。**実売部数**の方式では、ある一定期間の出荷数
と返品数の差から実際に販売された部数を推定し、そのサイクルでの都
度払いとして精算されます。

　印税は出版の世界で使われる言葉で、いわゆる著作権利用料のことで
す。著作権は、自分の著作物が他人に勝手に商業利用されないよう、無
断使用を禁止する権利です。ただし、「許諾」と「譲渡」の方法によって
第三者への権利移転ができます。前者の「許諾」は、著作権そのものは
譲らずに、複製（出版）・頒布（販売）・翻訳・録音・映像化・コミカラ
イズ・電子書籍化など、二次利用も含めた使用許可を個別に条件付きで
相手に与えるものです。一般的には「ロイヤリティ」あるいは「ライセ

ンス料」と呼ばれています。後者の「譲渡」とは，著作権じたいを一括して売り渡してしまうことで,出版社サイドに立てば「買い取り」です。雑誌記事は大半が買い取り方式で，文字数や原稿用紙の枚数を元に「原稿料」などの費目で報酬が支払われます。

　つくった本がすべて売れるとは限らないのが，現実です。事業にリスクがあるのは当然のこと。損益分岐点を推定試算しながらも，委託販売での返品率をどの程度に査定するか勘案し，リスクとリターンの案配を考慮に入れなければなりません。初刷で採算をとるのは困難と判断されれば，装訂・組版・校正などの固定費が不要となる重版での収益を期待するという考え方もあります。

　在庫の回転率も重要で，返品には再度の需要がどの程度に見込めるのかも推断し，倉庫管理費も含む必要があります。不良在庫となれば，できるだけ早期に償却しておく方策も大切です。

　原価計算は出版社にとって社外秘の最たるものです。販売予測をするうえで，不確定な要素をどのくらい現実に近く織り込めるか，懸念回避の対策をいかに講じられるかという部分には，編集者の培ってきた経験や論理を超えた自負が，最終的には物を言うのかもしれません。

　ところで──2023年10月から**インボイス制度**が始まりましたが，その大前提となるのは**消費税**の仕組みです。日本では1988年に消費税法が成立し，翌1989年4月から3％で消費税が導入されました。税率は1997年に5％，2014年に8％と引き上げられます。2019年からは「標準税率」が10％になるとともに，飲食料品（酒類・外食を除く）と定期購読の新聞に対しては「軽減税率」として8％が課され，二つの税率が併存するようになりました。

　消費税は，モノの販売やサービスの提供といった商取引に課される税金です。消費者の支払う対価のなかに消費税相当額が含まれており，消費活動から，ひろく，うすく，ひとしく，徴税する仕組みとなっています。最終的に消費税を負担するのは消費者なのですが，実際に納税の手続きを担うのは事業者です。事業者は，消費者の負担した消費税を一時的に預かり，国に税額を申告して納付を果たす義務を負うのです。

　製造業者・卸売業者・小売業者など，各事業者同士の取引についても消費税が掛かりますが，これらの過程では売り手が価格に消費税を上乗せして買い手へと順送りしているだけで，最終的な税の負担が消費者である点に変わりはありません。この転嫁の過程で事業者はそれぞれ「売上時に預かった消費税額」から「仕入や経費で支払った消費税額」を差し引き，その差額を消費税として国に納めているのです。

　インボイス制度は，正式には「適格請求書等保存方式」といいます。ここでの「適格」とは国が定めた要件を満たしているの意ですが，従来の請求書と大きく異なるのは「適用税率」「消費税額」「登録番号」が新たに記載されていなければならない点です。登録番号とは，インボイス発行事業者（**課税事業者**ともいう）として税務署に登録申請した番号です。また「請求書等」と「等」が入っているのは，請求書のみならず，納品書・領収書・レシートなども含むからです。そのうえで，仕入や経費で支払った消費税を差し引く（消費税額の控除）には，適格請求書等を定められた一定期間「保存」しておかなければなりません。要は，消費税の納税額を計算するための明細が，インボイスです。

　ただし，すべての事業者に消費税の納税義務があるわけではなく，これまでは二年前の収入が1,000万円以下である事業者は**免税事業者**とし

て納税が免除されてきました。免税事業者であっても売上に消費税を乗せることはできるので，その分は免税事業者の収益となり，逆に国にとってはその分が減収となっていたのでした。

　2023年に始まったインボイス制度は，国が税収を確保するために，従来の免税事業者に対してインボイス発行事業者（課税事業者）への転換を促すものとなっているのです。

　課税事業者の立場でみれば，取引相手が免税事業者だった場合は，インボイスが発行されないため消費税額の控除ができずに「売上時に預かった消費税額」をまるまる納税する事態となります。そこで課税事業者としては，免税事業者と取り引きを続けるのならば，消費税相当分をあらかじめ減額して支払うという判断が生まれます。さらにいえば，取引停止という選択肢も含むのです。出版社は課税事業者として腹をくくらねばなりません。

　免税事業者サイドに立てば，これまで加算してきた消費税額分の減収となってしまうわけです。免税事業者としては，このまま減収を甘受するのか，あるいは税務署に登録申請して課税事業者に転換し，納税手続きの事務を引き入れるのかという判断が迫られているのです。とりわけ個人事業者，たとえばフリーランスで出版社と仕事をしている，作家・ライター・校正者・デザイナー・写真家・イラストレーターなどにとっては厳しい二択となっています。

　なお，2023年4月にフリーランス新法が成立。フリーランスを定義して，①自身で事業を営む，②従業員を雇用していない，③実店舗を持たない，④農林漁業に従事していない者とし，既存の労働法ではカバーできない労働環境の整備を目的に据えています。■

3 | 原稿整理(1)漢字

3.1. 用字用語のルール
3.2. 字種・字体・字形
3.3. 漢字の字体(1) 常用漢字
3.4. 漢字の字体(2) 人名用漢字
3.5. 漢字の字体(3) JIS漢字

3.1. 用字用語のルール

原稿整理は，執筆者の原稿を査収し，文章を整え，商品として適した状態にまで高めていく作業です。編集者は「最初の読者」として，著者のメッセージが過不足なく受け入れられるか，読み手が最後までつつがなく読了できるのかに目を配ります。

　まずは，受領した生原稿を読み込みます。受け渡しがデータ原稿の場合は，いったんハードコピーを取って目を通すのも穏当な措置です。内容が企画の狙いと合っているか，著者の意図が伝わる表現なのか，といった初見の精査は無論のこと，分量が適切か否かも判断のポイントとなります。後送や追加の原稿があれば，入手の時期も確かめます。

原稿の内容に不明な箇所や疑問点が生じた場合は，該当箇所に付箋をつけておき，著者にまとめて問い合わせる必要があります。事実に誤認が無いか，論旨が破綻していないか。あるいは，特定の属性をもつ人たちへの差別や偏見を助長するような言い回しになっていないか，名誉棄損や著作権などに関わる法令上の問題に抵触していないか――。

　熟読を重ねながらも編集者サイドの見識も問われます。社会通念や世の中の倫理コードが変容している現実を敏感に受け止め，自身の常識を時代の実態に合わせて常にアップデートしておくことが求められているのです。もちろん社会正義の追求が原理主義と化して不寛容な「言葉狩り」に転じ「過剰な無害化」を推し進めてしまわぬよう留意するのも忘れてはなりません。

　原稿整理では内容のみならず，表現形式についても精査します。日本語表記の統一です。用字用語のルールを定め，その決まりごとにしたがって文章の体裁を整えるのです。出版物のもつ文章表現がより生き生きとパワーを発揮し，より効果的に読み手に届くよう，適切な調整を図ります。

　用字用語は，出版社として方針を定める場合もあれば，編集者一人ひとりが担当する書籍別に取り決めることもあります。実用的な文章ではルールづくりが必須ですが，文体に文芸色が濃厚になってくると，著者の文字遣いや語法を重用せざるをえない事例も増えます。執筆した本人の意向は尊重しながらも，独りよがりの言い回しとみなせるものは可能な限り排して，一般的な読者に受け入れやすい，達意の用例を見定めなければなりません。機械的な運用にならないよう，拙速には充分に留意します。

表記法に関する判断で参考になるのが「用字用語辞典」です。新聞社など大手メディアの見解が一冊にまとまっており，たとえば『朝日新聞用語の手引き』，『読売新聞用字用語の手引き』，『毎日新聞用語集』，時事通信社の『最新用字用語ブック』，共同通信社の『記者ハンドブック／新聞用字用語集』，『岩波現代用字辞典』，講談社の『日本語の正しい表記と用語の辞典』，『NHK 新用字用語辞典』があります。

　本書は用字用語のなかで「漢字の字体」「漢字とひらがなの使い分け」「ひらがなの表記」「送り仮名の付け方」「数字の表記」「カタカナ語の書き表し方」「記号類の用い方」に関し，三章にわたって検討することとします。本章の次節から，まずは「漢字の字体」を考察します。

▪3.2.▪ 字種・字体・字形

漢字の字体を考えるに先立って，「字種」「字体」「字形」の相違を見定めておきます。

　まず**字種**（じしゅ）とは，漢字の種類です。同じ音訓と同じ意味をもった，漢字のまとまりです。字種が同じならば，書き表したときに互換性があると判断されるのです。たとえば「亜」と「亞」，はたまた「島」と「嶋」と「嶌」は，それぞれ同じ字種として一つにまとめられています。

　これに対して**字体**（じたい）は，点と線の組み合わせから成る，当該漢字に固有の骨格です。ある漢字を，その漢字だと確実に同定でき，しかも他の漢字からは明確に異なると弁別できるような，ある漢字をある漢字たらしめている点画の構成をいうのであり，そうした図形を頭のな

かで認識できるに足る枠組みなのです。たとえば「亜」と「亞」は同じ字種ではあるのですが，字体は異なっており，互いに「異体字」となります。この異体字とは，標準的な字体とは異なるものの，ある時代には広く用いられた字体をいいます。「島」と「嶋」と「嶌」も互いに異体字ですが，とりわけ「嶋」と「嶌」は，字体の構成要素を配置換えしても同じ字種のままの，「動用字」と呼ぶ，異体字の下位概念です。

　ちなみに，字体の構成要素には「偏旁冠脚垂繞構」があります。偏旁（へんつくり）は左側と右側，冠脚（かんむりあし）は上部と下部で，垂（たれ）は上から左下にかかるもの，繞（にょう）は左から下方へと伸びるもので，構（かまえ）は三方ないし四方を囲む部位です。

　さらに**字形**（じけい）は，目に見えるかたちに表現された漢字の図柄です。視覚による印象で決定づけられる，個別で具体的な，個々の漢字の見た目をいいます。印刷文字と手書き文字とを問わず，商業的なデザイン表現や個人の書き癖といった相違を包括した，視認可能な文字の形状そのものを指しているのです。コンピュータのディスプレイ上に表出しているのも，字形です。あるいは，同一人物が「亜」の漢字を同じ筆記具でしたためたとして，そこにどうしても生じてしまう書き癖もまた，目に映る字形の違いとして認識されています。

　常に一字種で一字体ならばシンプルなのですが，上記にみたように，一つの字種が複数の字体を擁する場合が多々あります。字体の点画は抽象的な概念として思い描かれるとはいえ，現実には，その字体の枠組みからは逸脱しない範囲で，ディスプレイ上に表出されたり，印刷媒体で印字されたり，はたまた個人によって手書きされたりと，実に多岐にわたって視覚化されている——。それらは，なべて字形なのです。

3.3. 漢字の字体(1) 常用漢字

さて——**正字体**とは，社会的に正規とみなす字体をいいます。一字種一字体という原則のもとに，国家によって選ばれた，その「一字体」が相当するのです。ある時代の規範となる字体として他の異体字からは区分けされ，やはり異体字に含まれる略字体や俗字体からも峻別されます。略字体は点画の一部を省いたり変化させたりした簡略な字体，一方の俗字体は手書き用として世間一般では普通に用いられている字体です。

　日本の正字体は，いわゆる「康熙字典体」に準拠してきました。それは，18世紀中国・清の時代の康熙字典が掲げる字体を典拠につくられてきた，明治以来の印刷文字の字体です。ちなみに，康熙字典は最初に完成した1716（康熙55）年の初版のほか，1827（道光7）年にも刊行され（道光版），日本でも1780年（都賀版），1885年（渡部版）と出版されています。いずれも木版印刷で，版（バージョン）を異にするたびに板材から新たに彫り直したがゆえに，例示字体の表出には微細な相違点が認められます。ちなみに都賀版は都賀庭鐘（つが ていしょう）が，渡部版は渡部温（わたなべ おん）がそれぞれ校訂しました。

　第二次世界大戦の後に，当時の文部省の諮問機関である国語審議会が略字体や俗字体をもとに康熙字典体の簡素化を図り，そうして生まれたのが1,850字の**当用漢字**でした。当用漢字の字体は1949年内閣告示の「当用漢字字体表」に例示されています。この当用漢字の字体を「新しい正字体」の意味で**新字体**と称し，それ以前に学校教育などで使われてきたものを「旧い正字体」すなわち**旧字体**と呼ぶようになったのでした。

たとえば「國」は旧字体で，新字体は「国」です。字画が複雑な旧字体には，「いとし，いとしと，いう，こころ」（戀）とか「にかいの，おんなが，きにかかる」（櫻）といった戯れ唄もありました。

　当用漢字は，一般社会で使用する漢字の「範囲」を示すものと位置づけられ，制限的な性格を帯びていました。学習負担の軽減や社会生活での能率向上を図るために，康煕字典で４万7,000字をやや超えるといわれた漢字数に一定の枠を設け，なおかつ普段使いする漢字の画数を減らし，手書き文字として筆記しやすい態勢を整えようとしたのです。この「当用」は「さしあたり当面のあいだは用いる」の意で，当時は将来の漢字廃止も視野に入っていたのでした。

　当用漢字字体表に未収載の**表外漢字**に関しては，法令・公文書・新聞などで用いる場合に，「補てん」「ばん回」のように，漢語の一部を仮名書きにする交ぜ書きを用いたり，「編輯→編集」「臆測→憶測」のように，同音で意味の通じる漢字を**代用字**にして置き換えたりといった便法で対処することとなりました。

　その一方で早くも1950年代後半になると，当用漢字の字体整理の趣旨に基づいて一部の表外漢字を簡素化したものが，活版印刷による印刷文字で出現します。これらの字体は，新字体である当用漢字の範囲を広げているという意味で**拡張新字体**と呼ばれるようになりました。たとえば，当用漢字では「賣→売」と簡素化されたのですが，同様の考え方で「冒瀆」の「瀆」における旁（つくり）を整理して「涜」という拡張新字体を新設し，「冒とく」という交ぜ書きの代わりに「冒涜」と漢語表記ができるようにしたのです。1970年代には「拡張新字体」という言葉が定着し，1980年代にかけて印刷文字に広く使われていきます。

新字体である当用漢字は，1981年に内閣告示された「常用漢字表」にそのまま引き継がれ，なおかつ95字を新たに加えた，1,945字の**常用漢字**となったのでした。文部科学省の外局である文化庁の所管する常用漢字は，2010年の改定で2,136字となり，小学校で1,006字，中学校で1,130字を学習することとなっています。この「常用」は「常日頃から普通に用いる」の意で，あくまでも日常的に使用される漢字の「目安」を示すという位置付けでした。前身の当用漢字は廃止され，そこにみられた制限的な性格もきっぱりと払拭されています。

　2000年には文化庁の諮問機関である国語審議会が**表外漢字字体表**を答申。常用漢字とともに使われる頻度の高い1,022字の表外漢字を特定し，その字体選択の拠りどころとして，「印刷標準字体」と「簡易慣用字体」という二種類の例示字体を示したのです。印刷標準字体には康熙字典体につながる旧字体を採択し，簡易慣用字体は印刷標準字体と入れ替えても支障はないと判断できるほどの使用習慣をもつ拡張新字体を採択しています。行き過ぎた字体の簡素化は止めて旧字体に戻し，すでに社会に定着している拡張新字体はそのまま許容したのですが，これにより一字種一字体という正字体の原則は崩れることとなりました。

3.4. 漢字の字体（2）人名用漢字

実は正字体に関し，こんにちの日本には所轄省庁と分野を異にする三つの公式標準（de jure standard）が存在しているのです。一つは上述した文部科学省（外局の文化庁）の所管する，社会生活上での「常用漢字」，

二つめは法務省の所管で，子の名づけに使う「人名用漢字」，三つめは経済産業省（旧通産省）の所管で，コンピュータ上で用いる，通称「JIS漢字」です。いずれも字種を選択して取りまとめ，それら一文字一文字の字体は印刷文字を字形として例示しています（例示字体）。

このなかで法務省の所管する**人名用漢字**は，出生届（しゅっしょうとどけ）に用いる漢字です。戸籍法の施行規則別表第二の「漢字の表」に示されています。そもそも各自治体の戸籍簿は，事務処理が手書きでなされていた時代が長く，名字においても「つち吉」「はしご高」「たち崎」といった異体字が数多く発生していたのでした。ちなみに，出生（しゅっせい）は慣用読みで，本来は誤りです。

当用漢字が発表された当初，それ以外の漢字は新生児の名前に用いるべきでないとされていたところに，「也」「弘」「彦」などの人名でよく使われてきた漢字が表外漢字となったがため，一部で混乱が生じました。そこで，1951年に旧文部省の管轄で最初の92字が人名用漢字として内閣告示されたのです。

程なく法務省に移管されるとともに，1976年，1981年，1990年，1997年と四回にわたる追加と一部の字体の変更・削除を経て285字となりました。さらに2004年には字種の激増がなされたのです。493字が追加されるとともに，人名用漢字の許容字体とされていた旧字体の205字も収載され，総数は983字と膨れ上がりました。

人名用漢字に旧字体が追加されたので，ここでも一字種一字体の原則は崩されました。その後も，2009年，2010年，2015年，2017年に削除と追加がなされ，人名用漢字は863字となっています。戸籍に登録できる文字は，常用漢字・人名用漢字・ひらがな・カタカナです。

なお，書籍に載せる人の名前は，原則として，本人の意思に基づいた字体の表記を採択します。歴史上の人物であれば，人名事典などの典拠で確認する必要があります。人名の読みについては，これまでの戸籍には記載が無かったのですが，2023年に戸籍法が改正され，読み仮名の記載がカタカナ表記で必須となりました。書籍においても，難読である無しにかかわらず，初出の箇所で典拠にしたがった読み方を示しておく配慮が必要です。外国語の人名も同様に，カタカナ表記の後で，カッコ内に原綴を添えるという配慮が良策です。

　参考までに，漢字の音読みは「呉音（ごおん）」「漢音（かんおん）」「唐音（とうおん）」の別があります。呉音はもっとも古くから日本に伝わり，仏教用語に多い字音です。たとえば「生（しょう）」は呉音。漢音は奈良時代後期から平安時代初頭にかけて将来され，隋と唐の都・長安の発音に基づきます。一般的な音読みで，たとえば「生（せい）」は漢音です。唐音は平安末から江戸時代までにもたらされ，語数は三つの字音のなかでいちばん少ないのです。「行燈（あんどん）」「蒲団（ふとん）」「暖簾（のれん）」などが唐音です。

3.5. 漢字の字体(3) JIS漢字

ところで——文字コードとはコンピュータで文字を表現するさいに，それぞれの文字に固有の識別番号を対応させた，番号付けの体系です。常用漢字と人名用漢字は例示字体を取りまとめたセットですが，文字コードは例示字体の集合であるだけでなく，その一文字一文字にコンピュー

タで扱うことができるようにビット列のコードを割り振ってあるのです。日本ではJIS（ジス，当初は「日本工業規格」，2019年に「日本産業規格」と改称）において，漢字と漢字以外の仮名・英数字・記号類に関するコードが定められており「JIS文字コード」と称しています。本書ではJIS文字コードの漢字部分をとくに**JIS漢字**と呼ぶこととします。要は，デジタルフォントの例示字体を国が定めたのがJIS漢字です。

　JIS漢字が最初に規格化されたのは，1978年1月のJIS C 6226です。使用頻度を勘案して二つのグループに分け，第一水準漢字は当用漢字と人名用漢字を含んで2,965字，第二水準漢字が3,384字，それに非漢字が第一水準のなかで453字，総計では6,802字が設定されました。ちなみに，漢字入力のできる最初のワープロ専用機，東芝のJW-10は同じ1978年の9月発表です。出荷開始は翌年の2月で，価格は630万円でした。

　その後にJIS C 6226はJIS X 0208と改称され，1983年，1990年，1997年と改定がなされました。とくに1983年版には約300字の拡張新字体が採択されたのです。

　1990年にはJIS X 0212が制定されます。第一・第二水準を補うJIS補助漢字として，漢字5,801字，非漢字266字が新規に採択されました。しかしながら，コードの割り振りに難があり，ほとんど使用されることはありませんでした。

　大幅に拡張されて2000年に生まれた規格がJIS X 0213です。規格の名称は「7ビット及び8ビットの2バイト情報交換用符号化拡張漢字集合」。それまでのJIS X 0208に第三水準漢字1,249字と第四水準漢字2,436字が新設され，非漢字659字も第三水準に追加されました。

ただし，1990年のJIS補助漢字との互換性はまったくありません。続く2004年の改定では，漢字168字が拡張新字体から旧字体へと変更されており，JIS X 0213-2004の字種は，第一水準漢字2,965字，第二水準漢字3,390字，第三水準漢字1,259字，第四水準漢字2,436字，非漢字が1,183字となっています。総計では11,233字。2012年には，文言の一部が改定されましたが，字種の変更はありません。

　JIS漢字以外にも，文字コードは存在します。たとえば，コンピュータ=メーカーが自社製品に独自に搭載したIBM拡張文字やNEC特殊文字，基本ソフト（OS）に標準装備されるWindows機種依存文字やApple機種依存文字，あるいはアドビ社（Adobe）が組版用ソフト向けに字種を設定したAdobe-Japan-1などです。

　また，コンピュータによるネットワーク化が進み，国をまたいだ文字のやりとりが求められたことにより，全世界の文字を可能な限り集めて一律に扱えるようにした，多言語体系の文字コードが新たに考案されました。それが**ユニコード**（Unicode）です。1991年にバージョン1.0が制定され，こんにちに至るまで改定が続いています。非営利団体であるユニコード=コンソーシアム（Unicode Consortium）が開発構築と利用促進を担っており，その会員は情報処理に関与する世界の企業や組織で成り立っています。いわば民間組織による定番標準（de fact standard）です。ユニコードに対応したOpenTypeフォントも登場し，Windowsでは2000年から，Macには2001年から搭載されています。

　日本ではユニコードに準拠した規格として1995年にJIS X 0221「国際符号化文字集合」が制定され，ユニコードの改定に合わせて，2001年，2007年，2014年，2020年と更新されています。

以上みてきたように，漢字には三つの公式標準があることを念頭に置か
ねばなりません。そのうえで一般的な書籍での字体は，基本として常
用漢字表に収載された例示字体を採択します。常用漢字表に無い表外漢
字については，表外漢字字体表に示された印刷標準字体を用いるように
します。JIS漢字は常用漢字の数倍の字種を集めており，コンピュータ
のディスプレイ上には異体字を含めた多彩な文字が表示されるので，注
意しなければなりません。常用漢字表に含まれる字種であっても，必ず
採択しなければならないというものではなく，必要に応じてひらがな表
記に置き換える配慮も必要です。難読と編集者が判断したケースでは，
振り仮名（ルビ）を用いたり，語末のカッコ内で読み仮名を添えたりと
いった工夫も求められます。■

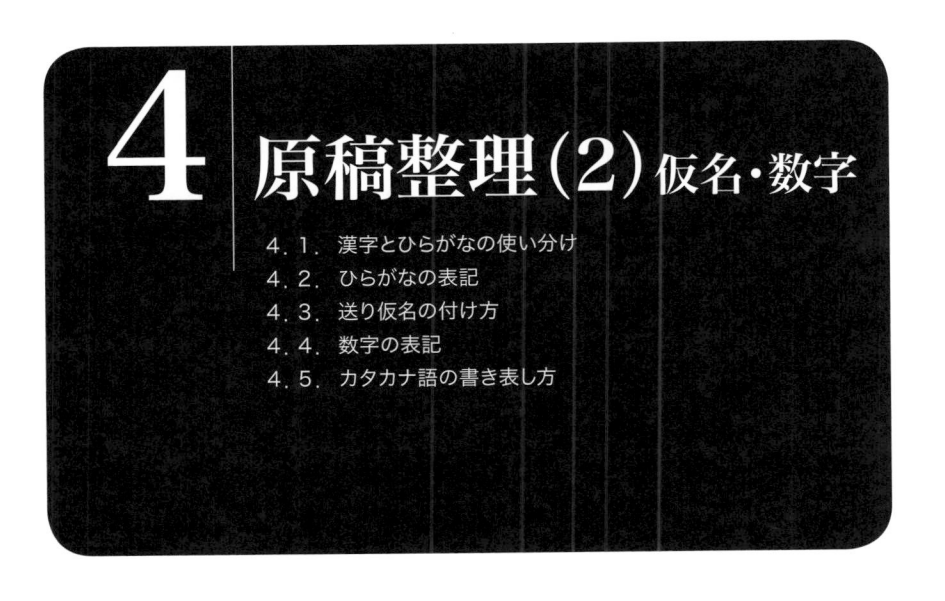

4 原稿整理(2) 仮名・数字

4.1. 漢字とひらがなの使い分け
4.2. ひらがなの表記
4.3. 送り仮名の付け方
4.4. 数字の表記
4.5. カタカナ語の書き表し方

4.1. 漢字とひらがなの使い分け

この章では用字用語のなかで,「漢字とひらがなの使い分け」「ひらがな
の表記」「送り仮名の付け方」「数字の表記」「カタカナ語の書き表し方」
について考察します。

　まず,漢字とひらがなの使い分けについては,両者のバランスが大切
だといえます。漢字の含有率が高いと,文章全体を「黒い」と指摘する
ように,読みにくく難解な印象を与えるのです。漢字とひらがなを偏り
なく織り交ぜることで,漢字からひらがなへ,ひらがなから漢字への変
わり目が顕著になる。双方の文字がもつ濃度の差によって,分かち書き
に近い効果が視覚的に生み出され,読みやすさにつながるのです。

漢字で表現できている言葉を，ひらがな表記に置き換えるのを「ひらく（開く）」といいます。ワープロ＝ソフトで難読漢字が簡単に打ち出せたとしても，あるいは，当該漢字が常用漢字表に収載されていたとしても，わかりやすさを考慮してあえて漢字を「ひらく」必要性は生じるのです。とりわけ副詞・接続詞・代名詞は，ひらがな表記を原則とします。

　同一の語が漢字とひらがなとで書き分けてあった場合，通常ならば表記を統一するのですが，著者によってはあえて意図した可能性もあり，拙速には注意せねばなりません。たとえば「建物を見る（目視）」と「人柄をみる（観察）」のように，漢字使用は本来の意味を強調する場合，ひらがな書きは比喩的な意味合いをもつケースです。

　漢字そのものの使い分け，たとえば「固い」「堅い」「硬い」，あるいは「収束」と「終息」のような，同じ発音で異なる意味をもった語句（同音異義語）の使用法にも留意します。同音異義語は意味じたいが異なるので，表記は厳密に分かたねばなりません。

　同音で同義でありながらも異なる表記の存在する用語，たとえば「にんじん」「ニンジン」「人参」のようなケースでは，原則として表記はいずれかに統一します。ただし，「日露（戦争）」と「日ロ（関係）」のように，二つの表記を併存させるケースもあります。また，色の「あかい」の表記でも「赤い」「朱い」「紅い」「赫い」「丹い」「緒い」「緋い」のように，著者が細やかな使い分けを意図している場合には配慮します。

　なお，カタカナ表記になるのですが，「ハンカチ」と「ハンケチ」，「レポート」と「リポート」，「ファイナンシャル」と「フィナンシャル」のように，外来語が導入されたときの状況や使用する分野によって表記を異にしている事例もあります。理工系の学術書では「じゃがいも」「ポ

テト」「馬鈴薯」，あるいは，「会議」「打ち合わせ」「ミーティング」のように，同一の事物・事象を指し示す異なる表記の用語についても，表記統一を求める場合があります。

　参考までに，小書き仮名の「ヶ」についてふれます。もともと「〇か国」や「〇か月」における並字（なみじ）の「か」は，漢字で書くと「箇」です。その部首である「竹」の字の片方をもって，この漢字の略字「个」とし，これが手書きされるなかで形を崩して小書きの「ヶ」となり，「〇ヶ所」などと代用されました。明治のころからです。この小書きの「ヶ」は駅名表記の「雑司ヶ谷」（都電）「市ヶ谷」（都営地下鉄）ほかで用いられ，並字の「ケ」となっては「市ケ谷」（JR，東京メトロ）「霞ケ関」（東京メトロ）などで使われています。

　戦後になって，この「箇」は当用漢字に入らなかったため，類似した「個」の文字に「か」の読みを加えることで代用されたのです。その後の常用漢字で「箇」は復活するのですが，代用字の「個」に置き換えられていたので，たとえば「一個，二個」と，本来ならば「個」と書くべきところを「一ケ，二ケ」という俗用の表記も一部ではなされました。

　こんにち，「〇か国」「〇か月」「〇か所」などの表記では，並字のひらがな「か」を用いるのが穏当となっています。

4.2. ひらがなの表記

ひらがなの表記は，1986年に内閣告示の「現代仮名遣い」にしたがって，発音通りの現代仮名遣い（新かな）の使用が基本となります。注意

すべきは，（1）助詞の「を」「は」「へ」は，発音とは異なるものの，そのままの表記で使用する，（2）夕行濁音の「ぢ」「づ」は，原則として，それぞれにサ行濁音の「じ」「ず」で表す，（3）和語の長音は直前の母音を重ねるのですが，オ列の長音のみ，原則として「う」で表す，という点です。また引用文のなかでは，歴史的仮名遣い（旧かな）の使用を認めるという方針もあります。

　四つ仮名の表記について補足します。原則は，「ぢ」「づ」をそれぞれ「じ」「ず」で表すのですが，例外として，「ちぢむ（縮む）」「つづく（続く）」のように，同じ音の連呼で濁る連濁のケースと，「まぢか（間近）」「いろづく（色付く）」のように，本来の「ち」「つ」が二語の複合により濁る場合は，「ぢ」「づ」を使います。

　この例外にはさらに例外があって，連濁の例外には「いちじるしい（著しい）」「いちじく（無花果）」などがあります。ただし「ひとつずつ」は「ひとつ」と副助詞「ずつ（宛）」の複合であって，連濁ではありません。複合の例外には「せかいじゅう（世界中）」「いなずま（稲妻）」などがあります。これらの「例外の例外」には，原則どおりの「じ」「ず」を用いることになります。

　和語の長音についても補足します。直前の母音を重ねて，たとえば，ア列「かあさん（母さん）」，イ列「にいさん（兄さん）」，ウ列「ふうふ（夫婦）」，エ列「ねえさん（姉さん）」とし，**オ列長音**のみ「とうさん（父さん）」と「う」を添えるのです。したがって「くうこう（空港）」の「う」の文字は，ウ音とオ音の二つの発音をもちます。

　このオ列長音の「う」表記には例外があって，「（お菓子を）ほおばる」「とおか（十日）」のように「お」の表記にする語句があります。こ

れらは，歴史的仮名遣いで「ほほ（ばる）」「とをか」のように，オ列の仮名に「ほ」または「を」が続いていた用例なのです。もともと「ほ」や「を」が使われていた語句には，オ列の長音として発音されるにもかかわらず，原則どおりに「う」を添えるのではなく，例外的に「お」を連ねて表記します。

　オ列長音に「お」を重ねる例外表記の言葉は，「遠い」「大きい」「氷」「多い」「狼」「十（とお）」「通る」などで，覚え方に次のような文があります。「とおくの，おおきな，こおりの上を，おおくの，おおかみ，とおずつ，とおった」です。

4.3. 送り仮名の付け方

送り仮名は，訓読み漢字の語尾に読みの一部を添えることで，漢字そのものの読み方を明らかにし，誤読を避ける目的で使われています。1973年に内閣告示の「送り仮名の付け方」に準拠します。

　まず「単独の語」です。活用のある語には基本原則があるのですが，それは，活用語の変化する読みの部分を送り仮名として振るというものです。たとえば，「扱う」はワ行の五段活用ですが，語幹である「扱（あつか）」の部分は変化せず，それ以下の読みのところは文中の活用法に応じて種々の違った形を取る語尾となります。そこで「扱わない」「扱います」「扱うとき」「扱えば」「扱おう」というように，変化する語尾のところを送り仮名として添えるのです。これが「送り仮名の付け方」での「本則」です。

これに対し，本則には合わないが慣例として用いられる「例外」があります。たとえば，活用語のうち，「著しい」のように語幹が「し」で終わる形容詞は「し」から送る，あるいは語尾の前に「か」「やか」「らか」を含む形容動詞は，「暖かだ」「穏やかだ」「明らかだ」のように，その音節から送るというものです。

　また，本則とともに慣例によって用いられている「許容」があります。許容は，本来の語幹の一文字を送り仮名に回す，あるいは活用語尾の一文字を語幹側に付けるという方法です。本則か許容かは二者択一です。たとえば，「行う」「表す」は本則ですが，読みやすさを図るために，語幹の一文字を送り仮名に転じさせた「行なう」「表わす」が許容となっています。あるいは，読み間違えるおそれがない場合は，本則「浮かぶ」「終わる」で，許容「浮ぶ」「終る」のように，送り仮名の一文字を省くことも認められています。本則か許容かは基本的には要統一ですが，送り仮名は多めに送ったほうがいいという考え方もあります。

　次に「複合の語」のケースです。原則は，複合語を構成するそれぞれの漢字に分解して，その漢字の送り仮名の付け方を適用します。これが本則で，たとえば「申し込む」となります。ただし，読み間違えるおそれがない場合は，許容として送り仮名を省くことが認められており，「申込む」は許容となっています。複合語ではさらに，通則（許容・例外なしの本則）として，複合語で慣用が固定していると認められるものは送り仮名をまったく付けないと「送り仮名の付け方」でうたっています。たとえば「申込（用紙）」は通則です。

　このように複合語では，動詞として使う場合，名詞の場合，複合語の名詞にさらに漢字が続く場合で，ルールづくりが必要となります。

4.4. 数字の表記

数字の表記は**漢数字**と**洋数字**（「算用数字」「アラビア数字」ともいう）との使い分けを，縦組みと横組みの別で注意しなければなりません。

　まず縦組みでは漢数字の使用が原則です。ここには二通りの表記方法があります。位取りを表す語（億・万・千・百・十など）を入れる「一十（いちじゅう）」方式と，漢数字を（洋数字の表記のように縦方向で）並べていく「一〇（いちまる）」方式です。「一十」方式だと（縦組みで）「二十世紀」「二十一世紀」，一方の「一〇」方式では（縦組みで）「二〇世紀」「二一世紀」となります。基本的には統一が必要ですが，二桁までは「一十」方式，三桁以上は「一〇」方式で「万」以上の位取り語を入れるなど，両者を使い分けて併用する場合もあります。

　ちなみに，漢数字には字体の異なる「壱，弐，参，……」があります。**大字**（だいじ）と呼びますが，格式ばった場合や改竄を防ぐ目的で用いられます。大字では，たとえば「百万円」のように，その位の数字が「１」の場合は，必ず「壱」を書き添えて「壱百万円」とします。さらに，前後への追記を防ぐ意味で，金額の前に「壱金（ひとつきん）」，後尾には「也（なり）」を書き加えます。したがって「百万円」では「壱金壱百万円也」，すべて旧字体では「壹金壹陌萬圓也」です。

　縦組みでの位取りのテンは，基本は半角幅です。漢数字の小数点は半角幅の中点を使います。横組みでの位取りは，三桁ごとにコンマを挿入するのが通常ですが，これは英語が「thousand（千）」「million（百万）」「billion（十億）」「trillion（一兆）」と，位取り語が三桁区切りで繰り上

がっているのに対応しているからです。横組みでの位取りのコンマ，小数点のポイントは，いずれも四分幅のものを用います。

　縦組みで洋数字を使うには，以下の手法があります。まず（1）全角幅の洋数字を正立した状態のまま縦に並べるものです。とくに一桁では，縦組みの新聞でも「1票の格差」「2審判決」という表記が見られます。次に（2）二桁か三桁の洋数字では，「等幅二分字形」「等幅三分字形」といって，一文字分の方形に二桁または三桁の洋数字を収めてしまう手法があります。三桁ではやや窮屈ですが，新聞では利用されます。さらに（3）**縦中横**（たてちゅうよこ）といって，縦組みの文字列のなかに，左から右への横組みの洋数字を挿入する手法があります。部分的に組み方向を変える縦中横にみるように，洋数字のほうが漢数字よりも視認性は高いので使われるのです。

　一方の横組みは，洋数字を使います。基本的には半角幅の洋数字ですが，数字一文字の場合は全角幅の場合もあります。横組みで漢数字を使うのは，成句・慣用句・概数など「ひとまとまりの言葉として熟しているもの」です。たとえば，「二義的」「三段論法」「四分五裂」「二八蕎麦」「三三のゾロ目」「六三制教育」「二，三人（にさんにん）」「五人前後」「十数人」「二十代」「三百余社」などが相当します。

　横組みで，同じ言葉であっても数字表記を書き分ける場合があり，たとえば「一対一で話す」と「割合は1対1」，「世界一周旅行」と「地球を1周する」，「一人娘」と「子どもの数は1人」のような事例です。洋数字のほうは「数え上げた結果の数量データ」のケースで用います。

　なお，数字列はその数字の意味合いを明確にする「円」「年」「人」などの単位語や単位記号を前か後に伴うべきであり，分離禁則です。

ここで，和欧混植についてもふれます。和欧混植は和文の文字列のなかに欧文が付帯的に混在する文字組みです。洋数字の文字組みと同様に，和文と欧文との転換箇所には（活字では）四分アキを設けます。

　縦組みでの欧文は，一文字の場合は全角幅のものを正立の状態でベタ組みとし，文字列の場合には縦中横で組み付け，基本原則どおり四分アキを置きます。文字列であっても全角幅の欧文文字を正立のまま縦組みにするケースもあります。一方で横組みでの欧文は，欧文の組版細則であるオックスフォード＝ルールやシカゴ＝マニュアルにしたがって文字組みしたうえで，和文文字列に四分アキを伴って挿入します。

　なお，和文書体のなかには，それと一体のものとしてデザインされた欧文文字をもつことがあります。和文書体内の欧文フォントをそのまま使ってもいいのですが，もともと独立してデザインされている欧文フォントを和欧混植でも指定できます。

4.5. カタカナ語の書き表し方

カタカナ語の書き表し方は，外国の人名や地名を含んだ，外来語が対象です。1991年に内閣告示の「外来語の表記」を基準とし，カタカナ語の長音には長音符（「音引き」ともいう）を用います。

　長音符はしばしば省略されます。この新手は，1952年の学術用語の統一作業に端を発します。当時，外来音に近い表記を採用するという方針のもとに，（1）語尾が「-er, -or, -ar」に限り，（2）三音節以上の単語で，長音符を省略することが提示されました。

とりわけ理工系の学術用語においては上記の原則が徹底され，その後のコンピュータ技術の発展のなかで，原綴や音節からは無関係に語尾での長音符の省略傾向が強まります。たとえば，語尾が「-y」で終わる「ライブラリ（library）」「メモリ（memory）」，二音節以下の「ユーザ（user）」「ティ（tea）」などです。さらには「-er, -or, -ar」が語中にあったとしても「パタン（pattern）」「インタフェイス（interface）」のように省かれ，さらには「プロフィル（profile）」「ファスト＝ファッション（first fashion）」のように，スペルに関係なく長音符の脱落がみられます。

　また，二重母音は長音符を用いずに，「メード」ではなく「メイド」，「ボーリング」ではなく「ボウリング」のように，「エイ」「オウ」を使うという表記の更新も進んでいます。

　日本語には無いVの音は，二通りの表記があります。「ウ」に濁点で「ヴァ・ヴィ・ヴ・ヴェ・ヴォ」とするか，バ行の「バ・ビ・ブ・ベ・ボ」かです。たとえば，「ヴィデオテープ」と「ビデオテープ」，「ヴァイキング料理」と「バイキング料理」という表記ですが，「外来語の表記」では双方ともに認めており，編集者の判断が必要です。

　外来音に近づけるという意図で，ア行の小書き仮名「ァ」「ィ」「ゥ」「ェ」「ォ」が認知され，拗音「ャ」「ュ」「ョ」，促音「ッ」とともに使えるようになりました。たとえば，従来は「ユニホーム（uniform）」でしたが，小書き仮名の解禁で「ユニフォーム」の表記も生まれました。ただし「プラットホーム（platform）」のように，日本語としてすでに定着した慣用表記はそのまま残る事例もあります。また，小書き仮名の解禁で「シェ」「ジェ」の表記も生まれましたが，「ミルクセーキ（milk shake）」「ゼリー（jelly）」のような慣用表記は残っています。

できるだけ外来音に近い表記という方針から，撥音「ン」と促音「ッ」は書字せずに省略という事例（たとえば「チャンネル→チャネル」「インデックス→インデクス」など）があります。ただ，日本語に定着している「ハンマー」「リュック」といった慣用表記は残っています。また，イ列とエ列の音に続くア音は，「ヤ」ではなく，「ア」と表記するという原則（たとえば「ピアノ」「スペア」など）に対して，「カシミヤ」「ダイヤモンド」などの慣用表記はそのままです。

　さらには，小書き仮名を使うのか，並字とするのかで，二通りの記載方法が併存しています。たとえば，「フィルム」と「フイルム」，「ウェディング」と「ウエディング」などで，編集者の判断が求められます。

　人名や地名などの固有名詞で，文字は同じでも，言語ごとに読み方が変わるもの，たとえば「ジョージ（英語）」「ジョルジュ（仏語）」「ゲオルグ（独語）」なども，ルールづくりが必要です。カタカナ語の表記では「シュミレーション」「コンシェルジェ」のような誤用にも注意。

　参考までに，「ヰ」はワ行（わ・ゐ・う・ゑ・を）の第二音「ゐ」のカタカナ表記です。単独の「ヰ」で「ウィ」と発音するか，「ウヰ」と表記して「ウィ」と読ませます。第四音「ゑ」のカタカナ表記は「ヱ」です。いずれも歴史的仮名遣いで用います。昔の日本語には「wi」「we」にあたる音が存在したため，これらの音を表す仮名文字もまた書字されたのでした。ただし，ワ行の「wu」とア行の「u」が区別されたという事実は無いと考えられています。■

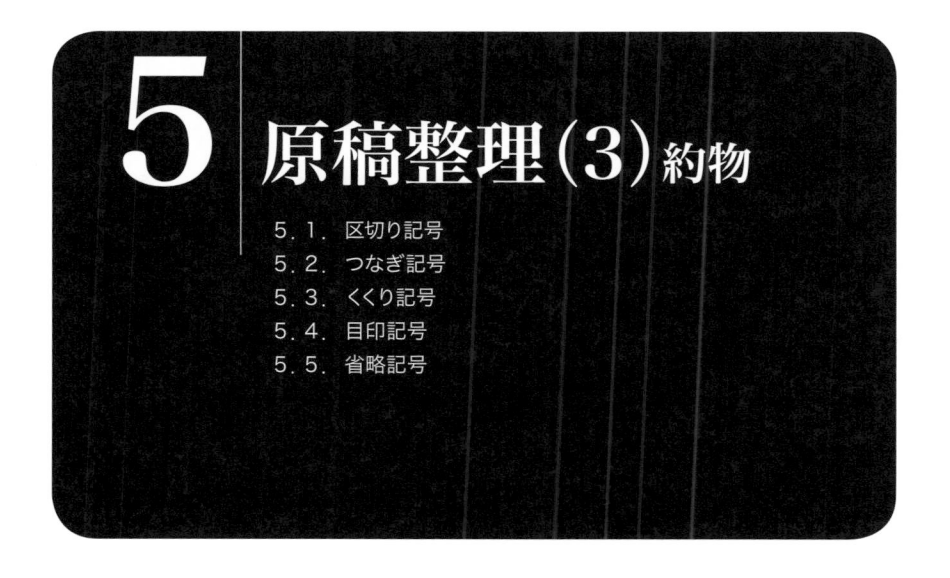

5 原稿整理(3)約物

5.1. 区切り記号
5.2. つなぎ記号
5.3. くくり記号
5.4. 目印記号
5.5. 省略記号

5.1. 区切り記号

この章では，漢字・仮名・英数字以外の，記号・符号の類いについて述べます。印刷の世界では**約物**（やくもの）と総称しており，文字列を区切ったり，挟んだり，省略したりといった，記述上での補助的な働きを担っています。原義は「約（つづ）めた物」で，全角サイズの文字よりも幅の狭い記号・符号を指しました。ただし，文字列を目立たせる役割のものは，約物と区別して**印物**（しるしもの）と呼びます。なお「記号」と「符号」の語は，本書では同義として扱います。

　まず区切り記号です。文字列を区切る役割をもち，その種類には「句点」「読点」「ピリオド」「コンマ」「コロン」「セミコロン」があります。

区切り記号のなかの「句読点」を論じます。「句点」と「読点」とを合わせて**句読点**ですが，**句点**（くてん）は文がそこで終わったことを示す記号で，**読点**（とうてん）は文の途中の切れ目を示します。句点と読点は，全角幅と半角幅の二種類があります。全角幅のものは，記号の専有域じたいは二分の字幅で，その後段に二分アキを伴っています。

　縦組みは，句点にマル ｜ 。 ｜ を用い，文末の文字の右下の位置に打ち，読点のテン ｜ 、 ｜ は，文の切れ目の文字の右下に打ちます。

　これに対して，和文の横組みにおける句読点には，次の三つの組み合わせ方式があり，それぞれに用いる領域が異なります。

　　　（1）コンマ ｜ , ｜ と，ピリオド ｜ . ｜
　　　（2）コンマ ｜ , ｜ と，マル ｜ 。 ｜
　　　（3）テン ｜ 、 ｜ と，マル ｜ 。 ｜

方式（1）は，欧文横組みでの組み合わせを踏襲したもので，理工系の専門的な文章で用いられます。方式（2）は，1952年の内閣依命通知「公用文作成の要領」で示され，法令や公文書で用いられてきました。欧文に準じようとしたものの，ピリオドは日本語のなかに置くと余りに頼りないので，やむなく和洋折衷としたのでした。しかしながら，2022年の文化庁建議「公用文作成の考え方」で改められて，公用文ではテンとマルの組み合わせが原則となりました。方式（3）は，和文縦組みでの所作を踏襲したもので，主に児童用の読み物に使われてきました。いずれにせよ，当該書籍のなかでは要統一です。

　文の終端であっても句点を置かないケースがあります。それは，（1）箇条書き，（2）表のなかに置かれた体言止めの文，（3）終わりカッコの直前で文が完結する場合，です。三番目の，終わりカッコの直前の文

末に句点を付けない理由は，文章がそこで終わるわけではないからです。句点を入れてしまうと，次の文が終わりカッコから始まるようにみえてしまいます。ただし，上記の「公用文作成の考え方」には，カッコのなかで文が終わる場合は句点を打つとしています。

　また，文末に一対のカッコが続く場合は，終わりカッコの後に句点を打ちます。カッコのなかの補足や注釈は，前段の文に対して加えられているので，前段の文と始めカッコのあいだに句点は打ちません。

　一方の読点は，文の途中の切れ目を示すのですが，どのように打つかについては「公用文作成の考え方」にも定見はありません。一般的には「かかり言葉」と「受け言葉」の関係を明確にして，読む者の誤読を避けるために用います。二つ以上の述語が連なっているときには，接続詞の「そして」を入れられる箇所に必要に応じて用います。読点を打つことで，その直前の語句が他から切り離されて強調されますし，音読時の息の継ぎ目に打って，文章のリズムを整える働きもあります。

　ちなみに，句点・読点が双方ともに省略されるのは，マンガの吹き出し内や歌詞カード，映画の字幕や動画でのテロップなどです。

　ピリオド（period）と**コンマ**（comma）は，欧文での句読点に該当します。ピリオドは，（1）文の終端を示すとともに，（2）略語の後ろに付けて省略を示します。この記号は，少数点としては「ポイント（point）」と読まれ，メール＝アドレスでは「ドット（dot）」です。

　コンマは，（1）読点の役割を担うとともに，（2）横組みでの数字表記での位取りに用います。位取りは一般に英米式の三桁区切りですが，日本語では四桁区切りで挿入したほうが読み下しやすいのです。なお，カタカナ表記で「コンマ」は「カンマ」と記される事例もあります。

仏独伊西などの欧州の国では，小数点にコンマ，三桁区切りにピリオドを用います。日本でも小数点を「コンマ」と言い表すことがあり，たとえば「0.3秒」を「零コンマ三秒」と発話したり，「コンマ以下」という言い回しで「水準に達していない」の意を込めたりします。これらは明治期に，小数点にコンマを用いるフランス式が入ってきた故です。

コロン（colon）｜：｜と**セミコロン**（semicolon）｜；｜は，元来が欧文用です。

コロンの和文での用法は，（1）全体的・概略的な項目とその具体的・個別的な内容のあいだを区切ることです。たとえば「担当：桃山花子」のように，前の語句を区切って「これについては」「すなわち」という意味でもって後ろの語句へとつなぎます。行中では原則として，全角幅として扱うのですが，記号の専有域じたいは二分の字幅で，その前後に四分アキを伴っています。コロンは続いて（2）本タイトルとサブタイトルのあいだを区切ったり，比率や試合得点などの対比する数字を区切ったり，時刻表示で時・分・秒の数値を区切ったりします。数字に合わせて記号の専有域のみの半角幅でも用います。

セミコロンは，和文では使いません。欧文でのセミコロンは，ピリオドの代わりに文末を区切って「なぜなら」「さらにまた」「しかしながら」といった意味合いでもって後続の文につなげます。

疑問符（question mark）｜？｜と**感嘆符**（exclamation mark）｜！｜も区切り記号です。疑問符は別称「耳だれ」で疑問や反問を示し，感嘆符は「雨だれ」とも称され感動や驚愕を表します。「ダブルだれ」といって，疑問符と感嘆符を一つずつ順不同で組み合わせたものもあります。いずれも文末に置かれます。

和文での疑問符と感嘆符は，全角の字幅の後に全角のアキをもつ，二倍角の符号です。要は，疑問符・感嘆符の字面の直後には，全角アキを置くのです。その理由は，疑問符と感嘆符は句点に準ずる区切りの役割をもつのですが，句点と違って字幅が大きいので，そこで文が終わっているという事実が視覚的にわかりづらいからです。ただし，行末に限っては全角の符号として用いられ，直後の全角アキは省略されます。

5.2. つなぎ記号

つなぎ記号は文字列を連結する役割を担うもので，「中点」「ダッシュ」「ハイフン」「リーダー」「斜線」があります。

中点（なかてん，pivot，「中黒」ともいう）　・　は，全角幅と半角幅の二種類があります。全角幅のものは，記号の専有域じたいは二分の字幅ですが，その前と後に四分アキを伴います。

中点は（1）並列する名詞のあいだに用います。対等なものを並べたときに，そのあいだをつなぐのです。そして（2）同格を示す場合に使います。たとえば「課長・島耕作」のように，中点の前後の語句が同一の資格や等級にあることを示します。さらには（3）箇条書きで項目を列挙するとき，冒頭に打って目印記号としても使い，（4）縦組みの数字表記では，漢数字の小数点を表現します。

中点はまた，外国人名や外来語などをカタカナ表記にした場合，分かち書きされている原語の空白部分に打って，連結の役目を果たしています。たとえば「マリリン・モンロー」「カバー・ジャケット」のように

72

ですが，この中点の役儀を，本書では二重のハイフン $\boxed{=}$ に置き換え
ています。その理由は，単語同士の連結をより強調するためです。

　ダッシュ（dash，「ダーシ」とも）は**二倍角のダッシュ**（2-em dash）
$\boxed{\text{——}}$ として（1）文の流れを途中で絶って，補足のための語句を挿
入するときに用います。挿入する文字列の前後を二倍角のダッシュで挟
むのです。また（2）発言の中断を表して，一呼吸の間（ま）を置いた
り，口ごもりや言いよどみを暗示したりします。さらには（3）本タイ
トルに続くサブタイトルを両側から挟む役割を担います。

　一方では**全角のダッシュ**（em dash）$\boxed{\text{—}}$ としての用例もあって，
たとえば「東京—大阪間」のように，「何から何まで」という区間や範
囲を示します。ちなみに，全角ダッシュと間違いやすい文字・約物があ
ります。全角ダッシュは字面いっぱいの直線ですが，マイナス符号はそ
れよりやや短くなっています。漢数字のイチは収筆部分にウロコがあ
り，長音符は起筆部分に起こしの筆入れがあります。

　半角のダッシュ（en dash）$\boxed{\text{-}}$ もあります。半角の連数字をつない
で範囲を示します。たとえば「pp. 36-49」のようにです。この「pp.」
は「pages」の省略記号で，複数ページの範囲を示しており，単一のペ
ージのみを指示するには「p. 36」とします。

　波ダッシュ（swung dash）$\boxed{\sim}$ も，起点と終点を示し，とくに時間
や距離など具体的な数値の範囲で用います。一部のローマ字の上に付く
チルダ（tilde）$\boxed{\tilde{}}$ は発音区別符号で，波ダッシュとは別物です。

　ハイフン（hyphen）$\boxed{\text{-}}$ は，字幅四分の大きさで欧文専用です。た
とえ横組みであっても和文には使いません。用途は（1）単語の分割で
す。一つの単語が2行にまたがってしまう場合，音節に基づいて二分割

するのですが，そのさいに次の行にまだ続くという意味で，1行目の末尾にハイフンを添えるのです。音節分割といっても，欧米の各国語で分綴点に関する細かいルールが存在し，恣意的に区切ることは許されません。元来ハイフンが入っていた箇所がたまたま行末にきてしまった場合は，その事実を二重のハイフンに置き換えて示します。また（2）単語の合成にも用います。たとえば「neo-Platonism（新プラトン主義）」のように，ハイフンを用いて新たな言葉を生成します。

リーダー（leader）は点線です。全角の字幅の，3点リーダー $\boxed{\cdots}$ と2点リーダー $\boxed{\cdot\cdot}$ があり，いずれも二倍角の長さで用いて行内の中央ラインに置きます。文の途中での省略や余韻を表現します。目次で項目とノンブルとの連結にも使用。なお欧文で，三つのドットを行のベースライン上に連ねて省略を表す記号は，エリプシーズ（ellipses）です。

斜線 $\boxed{\diagup}$ $\boxed{/}$ は，和文での全角幅をダイアゴナル（diagonal），欧文や分数などの半角幅をスラッシュ（slash）と呼びます。用法はまず（1）英語の「or」の意味で，たとえば「直流／交流」のように名詞同士を対比させます。次に（2）引用文を本文に組み込むときなどに，段落の始まり位置を示す段標として用い，また（3）分数や単位当たりの数量を，たとえば「1／3」「120 km/時」と表現します。

5.3. くくり記号

くくり記号とは，カッコ類の総称で，文字列を挟む役割をもちます。カッコ類は「始めカッコ」と「終わりカッコ」の組み合わせで，必ず一対

で用います。この一組を「起こしのカッコ」と「受けのカッコ」とも呼びます。全角幅と半角幅の二種類がありますが，全角幅のものは，記号の専有域じたいが二分の字幅で，始めカッコがその前段に二分アキを伴い，終わりカッコでは後尾に二分アキが置かれています。

　かぎカッコ 「　」 は，（1）会話文や引用文をくくります。また（2）特定の語句をくくって重要であることを強調したり，特殊な意味合いを込めたりしています。さらに（3）書誌事項の記述では，雑誌論文のタイトルや新聞記事の標題を挟みます。なお，かぎカッコの形状は，縦組みでは横棒が長く縦棒はその半分ほどの短さなのに対し，横組みでは縦棒のほうが伸びて横棒がその半分です。

　二重かぎカッコ 『　』 は，（1）かぎカッコの内部で，さらに文字列を挟むときに用います。たとえば，かぎカッコを含む文章を引用するとき，文章全体はかぎカッコで挟んで引用であると示しながら，元からあるかぎカッコは二重かぎカッコに置き換えて表記するのです。かぎカッコ内部での「カッコ内カッコ」には，縦棒・横棒とも短小の**小かぎ**（こかぎ）を用いる事例もあります。二重かぎカッコはまた，（2）書誌事項の記述で書名・雑誌名・新聞紙名をくくります。

　丸カッコ（parenthesis） （　） の用途は（1）補足説明や備考解説の語句を挟んで注記の役割を担います。単に「カッコ」というと，この丸カッコを指します。「パーレン」とも呼びます。また（2）箇条書きでの序数や注記での呼び出し符号で，数字を挟むときにも用います。

　角カッコ（brackets） ［　］ は，本来は欧文専用で，補足説明で用います。**亀甲カッコ** 〔　〕 も補足説明で用いますが，和文縦組み専用です。角カッコと亀甲カッコとの形状の違いに注意。

波カッコ（braces）$\boxed{\{\quad\}}$ は，カッコ類を入れ子にするときに「丸カッコ→角カッコ→波カッコ」の順で，最後に使われます。

　隅付きカッコ（black lenticular brackets）$\boxed{\text{【　】}}$ は，項目を示したり，注意点や強調すべき点を目立たせたりする目的で用いられます。

　山カッコ（angle brackets）$\boxed{\langle\quad\rangle}$ は，常に一重です。本来は数学記号で，数式中のくくり記号として使います。字幅は半角幅です。全角幅である，数学記号の不等号 $\boxed{<\quad>}$ との混同に注意。

　ギュメ（guillemets‐仏語‐）$\boxed{《\quad》}$ は，常に二重で，字幅は半角幅です。本来はフランス語での引用符として使用。名称は，考案者であるフランスの印刷業者・ギョーム（Guillaume）に由来します。

　クォーテーション＝マーク（quotation marks, 引用符）は，引用箇所を囲む符号で，英語で用います。ダブル $\boxed{“\quad”}$ とシングル $\boxed{‘\quad’}$ の別があります。和文でのかぎカッコ同様に一対で用いますが，始めカッコに即応する前半部分の符号を「open-quote mark」，終わりカッコに当たる後半は「close-quote mark」と呼びます。

　用法は，ダブルが和文での（一重の）かぎカッコに，シングルが二重かぎカッコに該当し，和文とは逆になります。両者を併用する場合には，ダブルのなかにシングルを置く形式を取ります。

　注意すべきは，クォーテーション＝マークの正式の形は，いわゆる「ロクロク・キューキュー」型であって，別称では「スマート＝クォート（smart quote）」とも呼ばれます。この一方で，タイプライタ用に簡易形が存在し，いわゆる「チョンチョン・チョンチョン」型となっています。やはりシングルとダブルがありますが，スマート＝クォートに対して「ダム＝クォート（dumb quote）」と呼ばれています。

5.4. 目印記号

目印記号は「圏点」「傍線」「アステリスク」「ダガー」「ハッシュ記号」などがあります。「振り仮名（ルビ）」についても本節でふれます。

圏点（けんてん）とは，文の脇に付けられた小さな白マル・二重マル・黒マルなどの印をいいます。語句の強調や，読み過ごして欲しくないという注意喚起に使います。圏点は，縦組みであれば右側行間で親文字の天地中央に，横組みでは上側行間で親文字の左右中央に打たれます。

なお，通常「傍点」と呼んでいるのは，この圏点の一種で縦組み専用です。もともとは漢文読解のための声調を示す役割でした。傍点には読点のテンか，テンの白ヌキ記号が用いられ，俗称は「ゴマ点」です。

傍線（ぼうせん）は，縦組みであれば文字列の右側行間，横組みでは下側行間に引く直線で，やはり強調箇所を示します。横組みでの傍線は**下線**（underline）と同義です。下線で，半角幅の単体は**アンダースコア**（underscore）です。日本では「アンダーバー」と呼称。

傍線を文字列の中央に（文字の上に重ねて）引くと「打ち消し線」となり，**見せ消ち**と呼ぶ訂正の方法で用いられます。打ち消し線を引いて元の誤写や誤記の文字を読めるようにしたまま，その脇に正しい文字を記して訂正印を押すというのが，見せ消ちの作法です。

ちなみに**罫線**（けいせん）は，ページ面の区切りや飾り，囲みに用いる直線です。表罫（おもてけい，線幅0.1mm），中細罫（ちゅうぼそけい，線幅0.2mm），裏罫（うらけい，線幅0.4mm）という一本線のほか，双柱罫・リーダー罫・ミシン罫・波罫・子持ち罫などがあります。

アステリスク（asterisk，星印）　$\boxed{*}$　は，（1）文中の語句の右肩に小さく付けることで，注記や引用の存在を示す呼び出し符号の役割を果たします。ただし，呼び出し符号として付けられる数は，最大で三つです。また（2）「生」の意味をもち，人名辞典などで「1952*」とすると生年です。和文で用いる米印　$\boxed{※}$　とは異なる形状なので注意。

　ダガー（dagger，短剣符）　$\boxed{†}$　も，（1）アステリスクと同様に，呼び出し符号として用います。また（2）「死」の意味があり，人名に肩付きで用いると死者，年号では歿年を表現。ダガーの変形の**ダブル＝ダガー**（double dagger）　$\boxed{‡}$　も呼び出し符号の役割です。

　ハッシュ記号（hash mark，番号符）　$\boxed{\#}$　は，（1）番号付けの数字の前に置かれたり，（2）SNSで内容や分類を表すキーワードの前に付けて検索のための荷札（tag）の機能をもたせたりしています。ちなみにハッシュ記号は横線二本が水平に平行で，縦線は右にやや傾いているのに対し，音楽の**シャープ記号**　$\boxed{♯}$　のほうは，五線譜と見分けるために横線は右肩上がりになっており，二本の縦線が垂直に平行です。

　目印記号にはその他，**セクション記号**（section mark）　$\boxed{§}$　や，**パラグラフ記号**（pilcrow，段標）　$\boxed{¶}$　があります。セクション記号は（章の下位の）節の番号付けに用い，パラグラフ記号は強制改行や字下げをしない文字組みのときに，段落の始まり位置を示します。

　活版印刷の組版では，原稿の文字が判読できなかったり日時や人数などの事実が未定だったりする箇所に，ありあわせの活字をさかさまに差し入れて，目覚えとしたのです。そのときに生まれた記号　$\boxed{〓}$　は，下駄の歯の形に似ているところから，**ゲタ**と呼ばれました。この伏せ字を元来の文字に直す行為は「ゲタを埋める」といいます。

振り仮名は，文字の脇——縦組みは親文字の右側行間，横組みは上側行間——に，主にその読み方を示すために付けられた，小サイズの仮名です。難読の漢字に付けるほか，熟語を訓読みにしたり当て字の読みを示したりする事例もあります。振り仮名を施す対象の文字を「親文字」といい，振り仮名用の文字のサイズは親文字の二分の一です。

　印刷の世界では振り仮名のことを**ルビ**と呼びますが，これは欧文活字の呼称「ruby」に由来します。明治以来，号数制の五号活字が本文文字の基本サイズとなっていたのですが，その半分の大きさで振り仮名用の七号活字は，ルビ活字とほぼ同じ大きさだったという理由からです。

　ルビは，その本のすべての漢字に付ける「総ルビ」と，一部の漢字の初出時のみに付ける「パラルビ」の別があります。拗促音のルビを小書きにするか否かは編集者の判断です。

　親文字一文字ごとに施すルビを，**モノルビ**（「対字ルビ」とも）と呼びます。モノルビは，一文字対応なので，隣接する文字にかかってはなりません。ルビ文字列が親文字よりも長くなってしまうときは，親文字の前後を空けて調整します。

　モノルビの位置は，振り仮名一字の場合，親文字の上半分の位置に付けるのを「肩付きルビ」といい，縦組みに限ります。親文字の中央位置に付けるのが「中付きルビ」で，縦組み・横組みに共通です。

　また，当て字・熟字訓・外来語など，二文字以上のまとまった親文字列に対し，その全体にかけるルビを，**グループルビ**（「対語ルビ」とも）といいます。グループルビで，親文字列の全体とルビ文字列の全体がうまく対応しないときは，長い方を基準にして，短い方の文字列のあいだを空けることにより調整します。

5.5. 省略記号

省略記号には「繰り返し符号」「単位記号」「アポストロフィ」「プライム」
があります。

繰り返し符号は，特定の文字あるいは文字列を反復するもので，対象
別に「同の字点」「仮名返し」「くの字点」「同じく記号」があります。

同の字点 々 は，漢字一文字を繰り返します。漢字「同」の異体字
である「仝」からの転用で，印刷の世界では「ノマ」と呼ばれています。
ただし，複合語の切れ目の前後で同じ漢字が存在するような場合には用
いません。たとえば「民主主義」「表外漢字字体表」などのケースです。

仮名返し ゝ ゞ ヽ ヾ は，和文縦組みで，前者二つはひ
らがなの清音と濁音，後者二つはカタカナの清音と濁音の反復です。

くの字点は，縦組みの和文専用で，ひらがな二文字分を繰り返します。
ひらがなの「く」の文字を引き延ばしたような，二倍角の字幅で，やは
り清音と濁音の別があります。「大返し（おおがえし）」とも呼称。

同じく記号 〃 は，横組み専用で「上に同じ」「同上」といった意味
で，語句や文章を繰り返す働きをします。「ノノ字点」とも呼ばれます。

繰り返し符号は，世間一般での手書きの流儀に起源をもちます。それ
ゆえに一般的な書籍で使用するのは同の字点のみで，仮名返し，くの字
点，同じく記号に関しては（固有名詞を除いて）用いません。

単位記号は，計量の基準を示す記号で，連数字と組み合わせて用いま
す。 ¥ ＃ のように前置されるものと， ％ ℃ のように後
尾に置くものの別があります。

単位記号には（1）半角のローマ字を一字一字並べて組み立てたもの，たとえば， cm mm kg があり，横組みで使われます。また（2）全角幅であらかじめ設定されているもの，たとえば， cm mm kg があり，縦組み専用です。さらに（3）合成和字単位といってカタカナ表記の組み文字で示すもの，たとえば全角幅の， ㌅ ㍉ ㌔ があります。合成和字単位は縦組みの新聞記事で用いられます。

アポストロフィ（apostrophe） ’ は，シングルのスマート＝クォートの後半部分と同じ形です。やはりタイプライタ用にまっすぐな簡易版が存在し，「ダム＝アポストロフィ」と呼ばれています。用法は，（1）短縮形を示す，（2）所有格を示すときで，欧文専用です。

プライム（prime） ′ は，やはりシングルとダブルがあります。引用符のダム＝クォートと似た形ですが，プライムのほうがやや横に寝ています。この記号を，日本では「ダッシュ」と呼んでいますが，英語での呼び方は「プライム」です。主に数式中で使われるほか，時間や角度での分・秒，あるいは長さのフィート・インチを示します。

　参考までに，キャレット（caret） ^ を補足します。この記号は「ここに脱字があります」という位置を，差し込む文字を伴って提示します。単なる脱字ではなく長い語句を挿入したいときには（横に寝かせた，始めの）波カッコを使います。なお，コンピュータのディスプレイで，文字の入力位置に点滅する縦棒もまた「キャレット」と呼ばれています。

　キャレットには発音区別符号の役割もあり，文字の上部に付加して発音を変化させますが，英語と仏語では呼び名が変わります。日本語のローマ字でも母音字の上に付して長音を表し，四分幅の横棒のマクロン（macron）と同様の働きをします。■

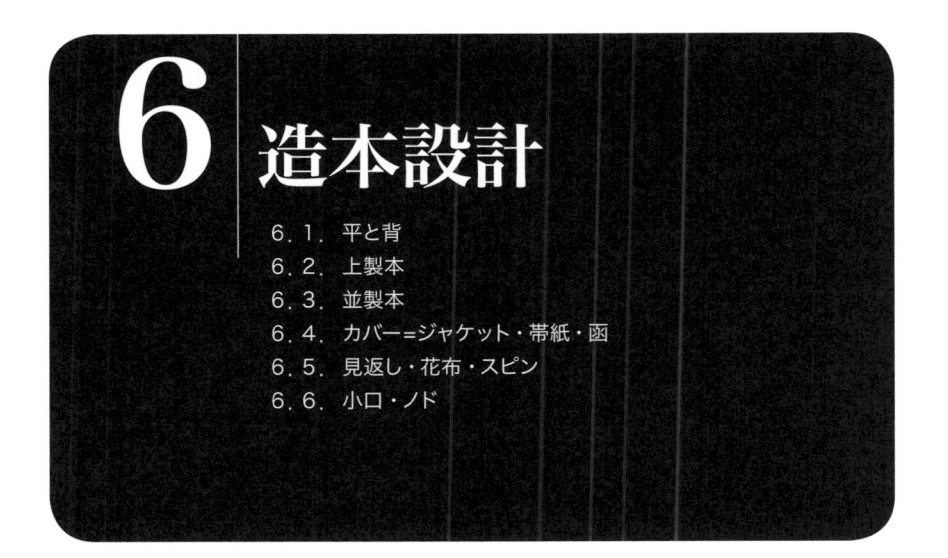

6 造本設計

6.1. 平と背
6.2. 上製本
6.3. 並製本
6.4. カバー=ジャケット・帯紙・函
6.5. 見返し・花布・スピン
6.6. 小口・ノド

6.1. 平と背

英語の「ブック=デザイン（book design）」には「造本」か「装訂」の，いずれかの語が充てられます。両者を区分けするならば，「造本」は，本文の組版指定や書籍本体の印刷製本までも含めた，本づくりの全体を設計する営みといえます。製作面での可能性を採算の限界まで突き詰めながら，編集者以上に当該書籍の価値を熟知していなければできない力業です。これに対し「装訂」は，表紙・カバー=ジャケット・標題紙などの意匠考案がメインであって，実質的な機能は広告の世界でいうパッケージ=デザインに近いものです。編集者からの要請を受けて最適解を与える仕事です。なお，装訂は「装丁」「装釘」「装幀」とも表記。

出版物は，人びとが目にとめ，手でふれることのできるオブジェとして，世の中に送り出されます。その姿形（すがたかたち）は，読者の感性に訴えかける創意工夫が凝らされています。判型・ページ数・付き物・組版・重量など，どれをとっても商品としての訴求力を際立たせている重要な要素なのです。本章では，一冊の書籍がどのような構造として具現化されているか，造本設計に不可欠な部位の存在を確認します。

　まずは，書籍の中身である**ページ全体**（page block）を「本体」としたとき，その本体と接合している「表紙」の有りようをみていきます。

　表紙（cover）は，ページ全体の外側をおおう，かぶせものです。束ねた紙葉に固着している上包みを指し，中身であるページ全体を保護する役目を担います。

　表紙は，「オモテ表紙」「ウラ表紙」「背表紙」という，三つの部位に分かれます。このとき，オモテ表紙とウラ表紙の平面部分を**平**（ひら），背表紙のことを単に**背**（せ）と呼ぶことを補足しておきます。平は，背と小口とを除いた平らな面をいい，背は綴じられたページ全体の外側です。それぞれに入っている文字が「平文字」「背文字」です。平文字は無いこともありますが，背のほうは棚差しで必ず目にとめる箇所なので，背文字にタイトル・著者名・出版社名の三つは必須です。

　表紙の状態は製本の仕方で異なり，大きく二つに分かれます。硬い表紙をもつ「上製本」と，柔らかい表紙の「並製本」です。上製本では，中身のページ全体を束ねて綴じ，仕上がり寸法に断裁してから，別工程で作成した硬い表紙でおおいます。並製本のほうは，中身のページ全体を綴じると同時に一枚ものの紙表紙でくるみ，その全体をいちどきに断裁して仕上げます。次節以降は，両者の相違を確認します。

6.2. 上製本

上製本（hard-cover bound）は，ページ全体の本体サイズよりも一回り大きく張り出した，堅牢な表紙をもつ製本加工です。上製本の表紙が硬いのは内側にくるまれているのが，「板紙」や「地券紙」だからです。

板紙（いたがみ）は，硬質で腰の強い肉厚な紙です。古紙・藁・木クズなどを原料に，多層抄きでつくられます。英語では「board」または「cardboard」といい，転訛して「ボール紙」とも呼ばれます。

地券紙（ちけんし）は，古紙を原料にした厚みのある紙ですが，板紙よりは柔軟です。伝票やレポート用紙などのウラ表紙に相当するところで使われています。明治時代に政府は土地の税金（地租）を徴収するため，所有を明らかにして賦課の基準となる土地の値段（地価）を証明する証書を交付しました。これが「地券」です。その地券に使われたのが名称の由来で，当時は木綿が原料の国産洋紙でした。

板紙や地券紙といった**芯材**を，紙葉・布地・皮革などの**表装材**——「表紙を装飾するための材料」の意——で包み込むことにより，美麗でありながら強固な上製本の表紙となるのです。芯材をくるむ表装材は，材質に関わらず**クロス**（cloth）という言葉でも総称され，紙葉を使えば「紙クロス」，布地では「布クロス」です。

一枚ものの表装材（クロス）は，オモテ表紙・背表紙・ウラ表紙という三つのパートの芯材をくるんでおり，その四周の端は内側へ折り返して始末してあります。中身のページ全体は，紙葉を束ねて綴じ，三方を切り揃えてつくられます。その本体に，芯材の入った表紙をかぶせて背

のところで糊付けし，上製本とするのです。なおかつ，表装材の折り込んだ箇所が人目にふれないように，見返し（効き紙）が貼られます。

　結果として，上製本では表紙のほうがページ全体よりも，ほんの一回りほど大きくなります。ページ全体よりも3mmほどの幅で外側に張り出した表紙の部分は，**チリ**といいます。この「チリ」という言葉は，表紙を中身のページ全体とを接合させるとき，表紙の張り出した部分が背以外の三方向に均等な間隔で分散しているか，つまり「散り具合」を製本工程で確認したことが語源と考えられています。

　上製本の背の仕立て方は，二通り。丸みをもたせて仕立てた**丸背**（まるせ／まるぜ）と，平らにした**角背**（かくせ／かくぜ）です。

　丸背は，製本時に丸みを出す「丸み出し」の加工で仕立てます。背に山形の丸みが付くと，その反対側の前小口は凹曲面となります。ページの開きが容易になるので，上製本の多くが丸背です。

　角背は，背の部分を均等に平らにつぶす加工を行ない，風格ある大型本に仕上げたいときに採択されます。並製本は角背とは呼びません。

　丸背・角背とも，上製本の背の部分を上（または下）から見たとき，ほんの少しの出っ張りが左右のサイドに生じているのを確認することができます。この部分を**ミミ**（耳）と呼んでいます。人体の器官である耳朶が，頭部の左右に付いている形状から名付けられました。

　オモテ・ウラの平（ひら）が背と接する境目に，凹んだ窪みが走っている加工があり，これを**ミゾ**（溝）といいます。外側から見ると，ミミに並行して走る細長い折り筋で，表紙の開け閉めが軽易となる機能をもちます。ミゾをつくる加工を**ミゾ付き**，ミゾをつくらないものを**突き付け**といい，突き付けは主に革装で用いられていました。

6.3. 並製本

上製本に対して**並製本**（soft-cover bound）は，紙表紙のままの軽装な製本加工です。表紙には芯材を使わず，やや厚手の紙葉を用います。柔らかく，しなるのが特徴です。並製本では，紙葉を束ねて綴じるのと同時に一枚ものの表紙でおおって糊付けし，全体をいちどきに断裁して仕上げます。そのため，表紙とページ全体とは同じ寸法となるのです。

　並製本もカバー＝ジャケットでくるむのですが，カバー＝ジャケットを用いないタイプで，紙表紙じたいに意匠を施して完成させたものを，とくに**ペーパーバック**（paperback）と呼んで区別します。

　ペーパーバック同様，カバー＝ジャケットを用いない様式に**小口折り**があります。一枚ものの表紙の左右を，平（ひら）のサイズよりも大きく伸ばしたうえ，その分を内側に折り込んで仕上げたものです。表紙を途中まで折り返したときの形状が，漢字の部首の**雁垂れ**（がんだれ）に似ているところから，その名でも呼ばれます。折り返すことで紙表紙が二重になり厚みが増すことで，通常の並製本よりも強固になります。

　参考までに，**フランス装**について述べます。やはり並製本の一種なのですが，綴じただけで断裁はしていないページ全体を，四周の縁を折りたたんだ紙表紙でくるみ込んでいる製本様式をいいます。上製本としての硬い表紙が未だ装着されていない，仮綴じの段階にあるという位置付けです。フランス装の書籍（本文が欧文横組みの場合）は，天の小口が袋状（天袋）になったままなので，ペーパーナイフで切り開きながら読み進めます。

かつてフランスでは1686年のルイ十四世（Louis XIV）の勅令で，書籍商・印刷業者の組合と，製本職人・箔押し職人の組合とが，大きく二つに分かれていました。双方の職分を明確に切り離し，それぞれの権益を保証して内部統制を図るのが目的だったのですが，印刷業者が製本工房を兼業できないというのは，他の欧州諸国と比較すると特異でした。フランスの書店では，印刷はされたものの製本職人の手で上製本には仕立てられずに，薄手の紙表紙にくるまれただけの仮綴じの状態で本が売られていました。それが「フランス装」と呼ばれたのです。

　仮綴じ本の購入者は，製本工房の職人に依頼してモロッコ革（モロッコ原産のヤギ革）やサフィアン革（モロッコの都市・サフィに由来するヤギ革）などを使った上製本に仕立てるのですが，このときの製本技術をフランス語では**ルリュール**（reliure，原義は「再び綴じる」）といいました。17世紀から18世紀に革装の本を所持できたのは，社会的身分のある分限者です。書物は経済力を誇示する貴重品となっていました。当時のフランスでは，裕福で開明的な良家の令嬢が会得すべき心得に，このルリュールの技術があったのでした。婚姻後に夫君の愛読書を家風にそって製本し，当家の豪奢な書棚に収納していくことは，ほかならぬ有意義な「家事」とみなされていたからです。

6.4. カバー＝ジャケット・帯紙・函

本節では，ページ全体を「本体」としたときに，その本体からは分離可能な「カバー＝ジャケット」「帯紙」「函」を順次みていきます。

カバー=ジャケット（cover jacket）は，表紙の上にかけてある，おおい紙です。上製本であれ並製本であれ，表紙の，さらに外側をくるんでいます。普通は略して「カバー」と呼んでいますが，その言い方では英語で「表紙」を意味してしまうので，本書では「カバー=ジャケット」と呼びます。英語の「jacket」じたいが「外側をおおって包み込むもの」を表しており，したがって「カバー=ジャケット」は「カバー（表紙）をくるむもの」の意となるのです。洋服の「ジャケット」も同様で，身体に軽く羽織らせる，カジュアルな上着を指しています。

　カバー=ジャケットには販促用の意匠が施され，書店の店頭での摩耗を防ぎ耐久性を高めるために，多くはラミネート（laminate）加工で仕上げられています。ラミネート加工は「PP貼り」ともいい，ポリプロピレン（polypropylene，略称PP）などの薄いフィルムで，ぴったりと表面全体をおおってしまう処理です。光沢のある「グロスPP貼り」と光沢無しの「マットPP貼り」があります。

　カバー=ジャケットは表紙を巻き込んで内側の三分の一ほどにかかっていますが，その折り返した部分を「ソデ（袖）」と呼んでいます。衣料品としてのジャケットから発想された呼称です。このソデの箇所は，著者紹介のような追加の情報を表示するスペースとして使われます。

　帯紙（おびがみ）は，カバー=ジャケットの外側に巻き付けた，幅の狭い紙です。単に「オビ」とか，カバー=ジャケットの下部に巻かれているので「コシマキ（腰巻）」と呼んだりします。帯紙には，その本の内容紹介やキャッチ=コピー，推薦文などが表示され，カバー=ジャケット以上に広報の役目を担っています。カバー=ジャケットのデザインと連動した図柄が施してあることも少なくありません。

函（はこ）に入っている書籍もあります。分冊刊行された複数の本をまとめて，函入りとする商品もあります。漢字表記は，差し込み式のものを「函（case）」，かぶせ蓋が付いていれば「箱（box）」としるします。

製函方法の一つは，背文字などを印刷した後に，函として組み立てて針金綴じや接着剤止めで仕上げる「機械函」，もう一つは，函として組み立ててから，印刷した化粧紙を貼って仕上げる「貼り函」です。

ちなみに「帙（ちつ）」は，和本を収納するための，おおいです。厚紙に布を貼ってつくります。種類は「無双帙」「半袖帙」「四方帙」などがあり，閉じ方は，紐で一か所を結ぶか，笹爪を使っての二点留めです。

ここで「スリップ」についても，ふれます。**スリップ**（slip，「短冊」ともいう）は，書店に陳列されている本に挟み込まれている，二つ折りにした細長い紙片です。このスリップは出版社が作成し，本の数ページをまたいで挟み込まれて書店へと出荷されます。店頭での売り上げに伴って書店員の手で引き抜かれてしまうので，客のほうには渡りません。引っ張りやすいように，上部に半円形の切り込みを突出させており，この部分を俗に「ボウズ（坊主）」と呼んでいます。ボウズの箇所には，定価の総額表示と消費税の税率とが表示されています。

二つ折りにしたスリップの片側は「売上カード」で，書店側はこれを集めて手作業で売上を計算してきました。もう片側は「補充注文カード」で，売れた本の補充用として使われます。二つ折りでも双方の長さは均等ではなく，補充注文カードのほうがやや長くなっており，ボウズもこちらの面に付きます。補充注文カードは，ボウズも含めて，日本図書コード管理センターで標準仕様が定められ推奨されていますが，売上カード面のデザインは出版社サイドの自由裁量です。

6.5. 見返し・花布・スピン

この節では「見返し」「花布」「スピン」に関して説明を加えます。

　見返し（みかえし，end paper）は，表紙と中身のページ全体をつなぐ紙葉です。オモテ表紙と本体のページ全体，それにウラ表紙とページ全体のあいだに，それぞれ存在します。要は，前後の表紙を裏返すと，そこに見出せるのが見返しです。本を開け閉めするたびに，とくに力のかかる部位なので，見返しの耐久性は本の寿命に直結します。

　見返しは紙葉一枚を二つ折りした４ページ相当で，折った片側（２ページ分）は，オモテ表紙あるいはウラ表紙の裏側に，全面にわたって接着されており「効き紙」と呼ばれています。二つ折りのもう一方の側（２ページ分）は，ページ全体の最前部と最後部において，背に沿って線状に塗布した接着剤で貼り付けられています。根方の箇所のみが接着されていて，大部分はヒラヒラと動くところから「遊び紙」と呼ばれます。この「遊び紙」の語はまた，折丁の台数の都合で発生する，文字などのまったく印刷されていない白ページのことを指す場合があります。

　見返しにはさまざまな色味と紙質が選ばれていて，一般的には何も印刷されませんが，テキストやグラフィックの印刷も可能です。上製本には必ず見返しが付きますが，並製本では付ける場合と付けない場合があり，見返しを付ける場合でも効き紙を表紙に貼り込まないというデザイン処理がなされたりします。

　見返しは，縫製用語では「身返し」とも表記し，衣類の端を切りっ放しにせず，糸がほつれるのを防ぐために折り返して縫い上げる始末をい

います。あるいは，折り込んだ箇所を補強するために当てる，ともぎれ（質や柄の同じ布地）のことも指しています。書籍の見返しも，この縫製用語と同様の意味合いです。芯材をくるんだ表装材（クロス）の四周を内側に折り返したあとに，その折り込んだ周縁のところが人目にふれないように貼付されるのが，見返し（効き紙）です。

花布（はなぎれ，head band）は，上製本で背の上端と下端とに貼り付ける，帯状の布です。英語の呼称を縮めて「ヘドバン」と呼ぶこともあります。かつては芯に撚糸（ねんし）を使って絹糸などで編み込まれ，書棚から本に指をかけて抜くとき，革装本の背の革が切れたりしないようにと組み付けられました。こんにちでは化繊を使った機械編みの既製品を貼り込むのみで，装飾以上の役目はありません。この「花布（はなぎれ）」という言葉は，「端布（はしぎれ）」からの転訛です。

スピン（spin，しおり紐）が付くものもあります。片方が背の上端に固定されている細長いリボンで，本の読みかけのところなど，必要箇所に挟んで目覚えとする，栞（しおり）としての用途です。スピンの長さは，ページ面を斜めに横切った対角線の長さ分に20〜30mmほどをプラスしないと，書物本体からうまく引き出すことができません。

上製本ではページ全体の断裁が終わり，表紙でくるむ前の段階でスピンを挿入します。並製本ではスピンの挿入後に表紙でくるみ断裁するという工程なので，スピンがすでに付いている天の部分は裁ち落とさずにそのまま残します（天アンカット）。並製本でスピン付きの天アンカットは新潮文庫などで確認できます。また，スピン無しの天アンカットも，古風な雰囲気を醸し出すという目的で，岩波文庫・ハヤカワ文庫・創元推理文庫などにみられます。

6.6. 小口・ノド

本節では，「小口」「ノド」に関して説明を加えます。

小口（こぐち，edge）は，ページ全体の切断面をいいます。そもそも小口とはモノの端の意で，「木口（こぐち）」からの転用です。料理で「小口切り」というと，ゴボウやネギなどの細長い野菜を端から薄く刻むように切っていくこと，またはその切断面のことですが，書籍でもページ全体の端を切り揃えるので，切断面をそう呼ぶのです。

小口は書籍本体の三方にあり，それぞれの箇所が固有の名前をもちます。本を立てたときの，上部を「天の小口」，下部を「地の小口」または「ケシタ（罫下）」といい，背表紙と反対側は「前小口」と強調します。単に「小口」いうと，多くは前小口を指します。

ところで──15世紀のヨーロッパの図書館では，本のタイトルを前小口の側にあしらい，前小口が見える向きで書棚に収めていた時期がありました。というのも，表紙の角には鎖止めの鉄環が付いていたからです。鉄環には鎖が続いていて書棚に繋ぎ留められており，亡失を防ぐ目的のもと「鎖につながれた図書」という状態でした。書棚に収めるさいには──横積みにしろ縦置きにしろ──必然的に背のほうを奥に差し入れざるをえません。そのために前小口の側にタイトルなどを記すことが求められたのです。16世紀も後半になると，無粋な鎖からは解き放たれて，背を見せて収納するようになります。前小口に書名を入れる慣習は無くなりましたが，その後も，とくに天の小口には埃や日射による劣化を抑える目的から，金付けのような小口装飾がなされました。

小口装飾のバリエーションで,「金付け」は金箔フィルムを熱で圧着させ（天金，三方金），「小口塗装」は染料を使って着色を施し（天染め，三方染め），「マーブル」は大理石模様を顔料で再現して転写させるものです（天マーブル，三方マーブル）。いずれも，天の小口のみ装飾する場合と，天・地・前小口の三方すべてを含む方法とがあります。

　辞書などでは前小口に，アルファベットや五十音の目安として，短い帯が印刷されています。検索機能のために，階段状にずらして付けた印です。これを**ツメ**（爪）といいます。かつては半円形に実際の切り込みを入れて親指の爪を引っ掛ける仕組みだったので「爪掛け索引」「爪見出し」と呼ばれていたのですが，その言葉が略されたのです。英語では親指（thumb）の語を使って「サム＝インデクス（thumb index）」と呼んでいます。

　前小口に隠し絵を出現させる技法もあります。書籍のページ全体を右に左にねじってみせると，前小口の全体にグラフィックなイメージが浮かび上がるのです。小口隠し絵を仕込むには，すべてのページにわたって画像のモチーフを少しずつ取り込まねばなりません。作業工数はいや増すのですが，それでも何気ない前小口を左右にひねるたびに，イラストや絵画に変貌するさまは新鮮な驚きです。

　前小口に対して，ページ全体を綴じてある背の内側を，**ノド**（gutter）と呼びます。見開きの状態で，前小口の対向に見出せる，綴じ込まれた側の細長い窪みです。この言葉は人体の器官からのアナロジーで，前小口側が口腔とすれば，その奥にある箇所を咽喉に喩えたのです。英語表記における「gutter」は間口の狭い溝渠を意味しており，道路脇の排水路やボーリング場でレーンの両サイドにある溝などを指しています。

● 小口隠し絵は，右に左にねじると画像が出現する

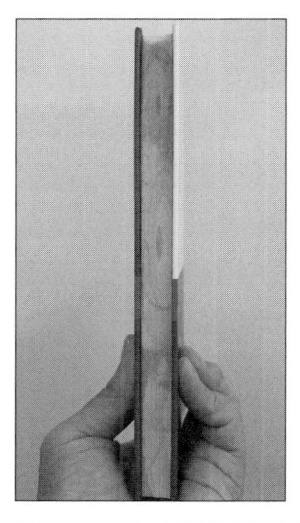

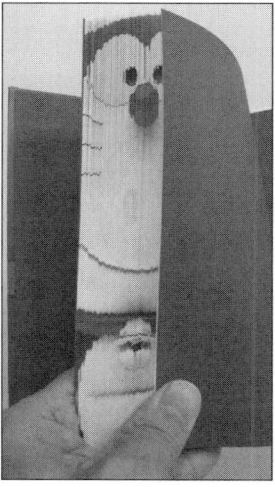
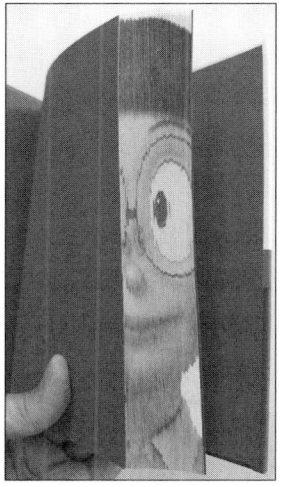

＊藤子・Ｆ・不二雄漫画原作，佐々木宏文『新訳「ドラえもん」』（小学館，2014年）

本を開いたときに，中央にくるノド側の余白のことは「ノドアキ」とも呼びます。見開いた左右のページの，文字が配置されている面と面とのあいだに位置する空白部分を指します。

　以上のように，ブック＝デザインには考慮すべき多くの要素が含まれます。判型やページ数，製本方法（上製本か並製本か）を始めとして，表紙・カバー＝ジャケット・帯紙・標題紙などの仕様を取り決めなければなりません。本文用紙はもとより，カバー＝ジャケット・帯紙・紙表紙・見返し・別丁扉の標題紙・スリップといったところで使う用紙もまた，紙見本帳などから選定する必要があります。

　意匠が決まり，用紙が選定され，印刷製本までの仕様が確立した時点で，印刷会社に依頼して**束見本**（つかみほん，mockup）をつくってもらいます。束見本は，刊行予定の本と同じ素材を使って手作りされる試作品で，仕上がり具合を確認するのが目的です。判型やページ数，製本の様式など，用紙も含めて，造本設計どおりに製作してもらうのですが，文字はいっさい印刷されていない「白い本」の状態で出来上がります。束見本の経費は，印刷製本費に含まれます。

　束見本でいう**束**（つか）とは，紙を束ねたときの厚みを意味し，書籍本体の背幅に相当します。本文用紙の紙厚とページ数，見返しや表紙の厚さなどを調べて背幅の数値を算出することも可能ですが，束見本の現物と比較すると机上の計算とは若干の相違があったりします。とくにカバー＝ジャケットのデザインは，束見本での背幅——丸背では背の凸曲面に沿って測った寸法——を考慮に入れないと，全体が寸足らずになってしまうリスクがあるので，注意しなければなりません。■

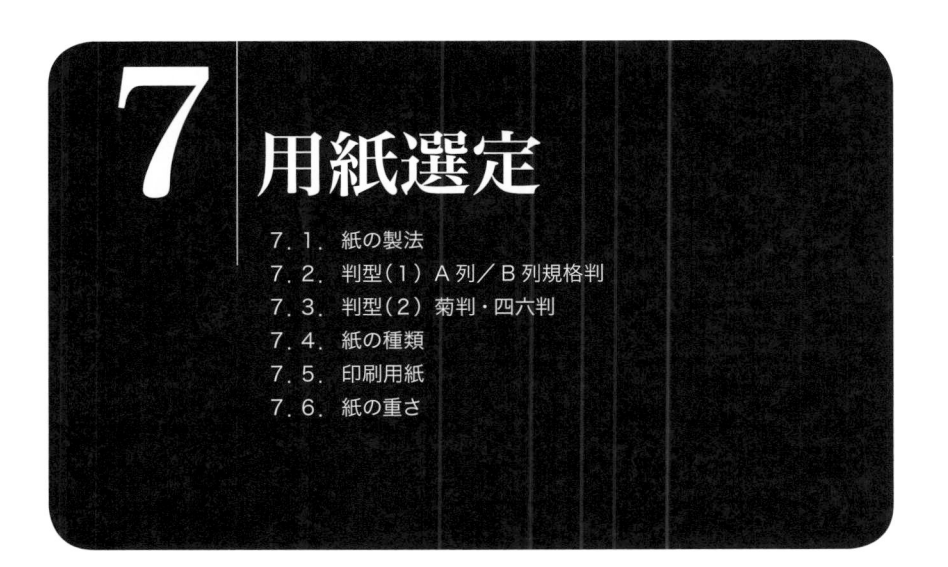

7 用紙選定

7.1. 紙の製法
7.2. 判型（1）Ａ列／Ｂ列規格判
7.3. 判型（2）菊判・四六判
7.4. 紙の種類
7.5. 印刷用紙
7.6. 紙の重さ

7.1. 紙の製法

紙の用途は三つの W，すなわち write（書き記す），wrap（包み込む），wipe（拭き取る）だと言われています。この章で取り上げるのは書き記す用途としての紙です。出版物の被印刷基材にもっとも適している紙ですが，原料，表面の触感，視覚特性（色味・光沢度・平滑度・白色度・不透明度），物理的属性（重量・厚み・密度）などにしたがって，実にさまざまな表情をみせています。まずは紙の製法から確認します。

　紙（paper）は，植物繊維が水素結合により接着して薄く平らな膜状になったものです。水素結合とは，水素原子を仲立ちに，隣接する分子同士が引き合う化学結合をいいます。

植物を細かく砕いて繊維を切断し，水のなかに分散させて懸濁液としたうえで，これを簀（す）や網（あみ）といった濾過材のうえに薄く広げて濾水し，天日で干しあげて，紙をつくります。繊維分散液が脱水・乾燥するときに，水素結合を生じて膠着し合い，強度のある薄層となるというのが，紙製造の本質です。手作業であっても大規模な製紙工場の機械工程であっても，その本質に変わりはありません。

　紙の原料となる植物には，（1）茎幹を使うものとして，大麻・苧麻・黄麻・亜麻・コウゾ・ガンピ・ミツマタ・甘蔗バガス・エスパルト・藁（イネわら・ムギわら），（2）葉では，マニラ麻・アバカ・芭蕉・バナナ・ニュージーランド麻，（3）種毛では，綿，（4）木材では，針葉樹（スギ・ヒノキ・マツ）・広葉樹（ブナ・カエデ・アカシア）・単子葉植物（タケ）があります。こんにちでは針葉樹と広葉樹の木材繊維を使うのが主流です。製紙産業と森林経営は密接な関係にあり，また古紙の再利用も資源を有効活用するという意味で進んでいます。

　パルプ（pulp）とは，植物繊維から抽出したセルロース（cellulose）の集まりをいいます。セルロースは分子式（$C_6H_{10}O_5$）n で表わされる炭水化物で，植物繊維の主成分です。植物を粉砕して，植物繊維の主成分であるセルロースをできるだけ純度高く取り出したものを，パルプと呼んでいるのです。英語の「pulp」は，「どろどろした状態」が原義。

　パルプを水のなかに散らばしたパルプ懸濁液は，手でかきまぜてみると薄い粥に似た軟らかい感触があります。紙を「すく」という行為は，この懸濁液を濾過材で汲みあげて脱水しながら均一に広げることをいい，手作業の場合には「漉く」としるし，機械処理では「抄く」の漢字を用います。掬いあげた当初は，触れればたちまち型崩れてしまうほど

に脆弱ですが，水分を絞りきり乾燥させると，水素結合により繊維同士が引き合うことで紙が出来上がります。ただし，植物原料の種類によってその繊維長に差があり，紙の強度も性質も異なるのです。

　針葉樹・広葉樹を対象にパルプをつくるには，二つの方法があります。一つは，木材を機械で磨り潰してセルロースを取り出す「機械パルプ」，もう一つは，化学的な薬剤で不純物を除去しセルロースのみを抽出する「化学パルプ」です。機械パルプは，収量は多いものの，不透明性が高く経年変化で変色しやすい欠点があります。化学パルプは，不純物を除いてあるので時を経ても変質しませんが，収量は少なくなります。

　これらのパルプを漂白したうえ，インクがにじまないように耐水性を与える滲み止め剤（size），裏面の文字が透けて見えないように繊維のあいだを埋める塡料（てんりょう，filler）など，さまざまな製紙用薬品を配合したうえ，大量の水で希釈して水分99％のパルプ懸濁液とするのです。パルプ懸濁液は「紙料液」とも呼びます。

　大規模な機械製法において，紙料液はまずワイヤー（抄き網）の上に高速で均一に噴出され，絶えず振動を与えられながら早い速度で移動していきます。このときの噴出量と流速によって，紙の厚さが決まります。ワイヤーの上を走りながら紙料液の水分は網の下に落ちて脱水されていくのですが，ワイヤーに接触している側では一部の繊維や薬品も脱落し，紙の上部とワイヤー側とで組成に差が出ます。それが，平滑な「紙のオモテ」面と，ややザラついた「紙のウラ」面との違いです。両面印刷に対処するには，この表裏の差を少なくすることが要求されます。

　紙の状態に近づいてきた紙料液は，次にフェルト（獣毛を圧縮した繊維シート）の上に乗り移り，フェルトと一緒にローラーとローラーのあ

いだを通り抜けながら圧搾処理されて，さらに脱水されます。続いて，何十本もの円筒のドライヤーが高速で回っているなかを通り抜けることで大量の熱が加えられ，水分はすべて吹き飛ばされて「紙」となります。

　乾燥処理した紙はまだ少し凹凸があるので，円滑にするための表面処理をします。そのうえで，リールに巻き取られて**巻取紙**（まきとりし）となります。長巻きの巻取紙を原紙の規格寸法にしたがって断裁すれば，シート状の**枚葉紙**（まいようし）となるのです。

　機械製法では，紙料液をワイヤー上に高速で均一に噴出させ，そのまま脱水し圧搾・乾燥させると，出来上がった紙は繊維が噴出方向に沿って一列に揃うことになります。このときの繊維の流れている向きを，**紙の目**（paper grain）と呼ぶのです。製紙工程で生産される巻取紙では，紙の目は巻き取っていく方向に平行ですが，これを断裁して枚葉紙とするとき，どちらの辺を長めに裁つかによって，紙の目が決まります。枚葉紙で，繊維が長辺と平行に走っていれば**タテ目**（long grain），短辺と平行ならば**ヨコ目**（short grain）です。

　タテ目であれヨコ目であれ，紙の目に沿っていれば（順目），紙はまっすぐに裂きやすく，きれいに折りやすく，その折り目もヒビ割れしにくいのです。紙の目と直交する向きでは（逆目），破りにくく，折りにくく，折り目が割れてヒビが入りやすくなります。また，紙の繊維は湿度の上昇で膨潤しますが，そのときは紙の目に対し直交方向に大きく伸びるのです。ヨコ目の紙をラックに立て掛けておくと，お辞儀をするように屈曲してしまうのは，湿気に起因します。

　書籍ではページめくりがスムーズにいくように，紙の目は天地の向きと一致させる必要があります。タテ目が望ましいのです。たとえばA4

判の書籍をタテ目でつくろうとすると，さかのぼってヨコ目のA列本判を選ばなくてはなりません。タテ目仕上がりの本文用紙が，A列／B列規格判の偶数番号であれば本判ではヨコ目の紙，奇数番号では本判でのタテ目が求められます。

　参考までに，古代エジプトのパピルス紙は，**パピルス**（papyrus）という草の茎の外皮を縦に裂き，その薄く幅広の帯状片を縦横に並べたのちに，水をかけて打ち叩くことで密着させ，天日乾燥させてシート状にしたものです。繊維分散液からの水素結合でつくられたものではないため，厳密には「紙」とはいえず，今でいう不織布の一種です。

7.2. 判型(1) A列／B列規格判

判型（はんけい）は，紙製品の最終的な仕上げ寸法です。一枚ものの枚葉紙の大きさから書籍や雑誌のような冊子体のサイズまでを意味し，JISでは縦と横の長さがミリ単位で標準化されています。

　判型の標準化は，時をさかのぼれば1851年。この年にイギリスで万国博覧会が開かれたのですが，これを契機に工業化時代を見据えた効率化・合理化が重要視され，規格統一の機運が芽生えたのでした。20世紀に入った1905年，スイスの編集者・ビューラー（Karl Wilhelm Buhrer）は広告の印刷物のサイズを統一すれば，制作も配布も容易になると考えます。1911年にドイツのミュンヘンに移ったビューラーは，ドイツの化学者・オストワルト（Friedrich Wilhelm Ostwald）を筆頭に，スイスのジャーナリスト・サーガー（Adolf Saager）も加わっ

た，標準化のための運動体を組織。比率1：√2の矩形（√2長方形）を「世界フォーマット」と名付け，紙の規格として提唱しました。

この√2長方形は，長辺の長さを半分にするか，あるいは短辺を二倍にした場合に，何度繰り返しても必ず互いに相似形になるという特徴があります。1922年にドイツ工業規格（DIN）がこの「世界フォーマット」を採択，ここにA列／B列／C列の規格判という，三系統の紙の規格が誕生したのでした。

A列規格判は，面積1平方メートルの√2長方形を基準に据え，これをA0判と定めて出発点とし，以下，長辺のほうの二つ折りを繰り返しながらA1判・A2判・A3判……という順に12番までの大きさを定めたものです。A0判の大きさは「841×1,189mm」と定められており，面積はおよそ1平方メートルです。

B列規格判は，面積1.5平方メートルの√2長方形を基準に置き，これをB0判として，以下，長辺の二つ折りを繰り返しつつB1判・B2判・B3判……と12番まで定めました。

C列規格判は，面積1.2平方メートルの√2長方形を基準に据えることでC0判（917×1,297mm）とし，以下，長辺の二つ折りを繰り返し，12番までを規格化。C列規格判はA列よりも一回り大きく，A列規格判の用紙を収容するファイルや封筒のサイズとして企図されました。

日本ではJISの前身であるJES（Japanese Engineer Standard，日本標準規格）に，A列／B列の規格判が初めて導入されました。1929年のことです。当時の官公庁では文書管理が遅れ，用紙の判型は各省でバラバラでした。1933年になって商工省（経済産業省の前身）の臨時産業合理化局 用紙標準化委員会がB5判を基本とするB判用紙への標準化

を推進します。その後1940年のJES改正で，A列規格判はドイツ工業規格の寸法をそのまま取り入れたものの，B列規格判には伝統的な四六判との整合性を考慮して独自の微調整を加味。ドイツ工業規格のB0判が「1,000×1,414mm」であるのに対し，日本では「1,030×1,456mm」としました。ただし，両者とも面積はほぼ1.5平方メートルです。

　戦後になってJESはJISへと引き継がれ，1951年にJIS P 0138「紙加工仕上寸法」が制定されます。このときA列／B列の規格判とも11番と12番の極小サイズは，日本では必要なしとして割愛されました。

　官公庁では1933年来，B判用紙の使用が原則でしたが，1992年11月に各省庁事務連絡会議での「行政文書の用紙規格のA判化に係る実施方針について」という申し合わせに基づいて，1993年4月からはA判用紙の使用が推進されます。JIS P 0138も1998年の改正でA列規格判を日本の国内標準と定めたのでした。B判用紙は「補助」の位置付けとなり，A列規格判の二つの隣接した寸法のあいだで，中間的なサイズが必要な場合に限り例外的に使うものとなりました。

7.3. 判型（2）菊判・四六判

日本独自の書籍用の判型に，「菊判」と「四六判」があります。

　菊判（きくばん）は，明治期に米国から輸入された洋紙の大きさ（25×37inch≒2尺1寸×3尺1寸≒636×939mm）が元になっています。本来は，新聞紙としての用途だったのですが，当時の雑誌にも転用されました。この紙のアメリカでの商標がダリアの花で，日本の菊に似てい

たところから商品名が「菊印（きくじるし）」に決まり，菊印判が略されて「菊判」と呼ばれるようになったといいます。

　判型としては，菊判の原紙から16面取りしたサイズ（150×220mm）ですが，出版社によって左右「150〜152mm」，天地「218〜221mm」のあいだでバラつきがあります。いずれにせよA5判（148×210mm）よりやや大きい寸法が，菊判です。

　四六判（しろくばん）は，岐阜県すなわち美濃国の武儀郡から出た和紙の美濃紙，その原紙（美濃判，9寸×1尺3寸≒273×393mm）が元となっています。徳川御三家の御用達とされた美濃紙は明治期になると一般庶民に普及し，そのときに洋紙の寸法に比例させて，美濃判の約八倍というサイズ（2尺6寸×3尺6寸≒788×1,091mm）が「大八ツ判（おおやつばん）」と呼ばれて出回ったのです。この大八ツ判を「4×8」で断裁して32面取りした大きさ（つまり美濃判の四分の一）が書籍の判型として用いられるようになり，寸法が横4寸2分で縦6寸1分であるところから「四六判」と呼び慣わすようになったのです。

　四六判の正寸（127×188mm）は，およそB6判（128×182mm）に相当します。四六判の原紙から32面取りするのですが，出版社によっては，左右「127〜132mm」，天地「188〜191mm」と幅があります。

　JISは「原紙」の大きさも定めています。**原紙**（げんし，base-sheet）は，製紙会社から枚葉紙として出荷されるときのサイズをいい，「本判」「全判」「全紙」とも呼びます。加工仕上がり寸法の判型よりもやや大きく，余白を含んだ幅で規定されています。原紙大の紙が印刷できるようにと印刷会社での印刷機の寸法が定まり，この寸法の紙が巻取紙として生産可能なようにと製紙会社における抄紙機の規格も決められています。

A列規格判の原紙は，JIS P 0138では「A列本判」と呼び，A1判（594×841mm）よりやや大きい「625×880mm」です。B列規格判の原紙「B列本判」は「765×1,085mm」の寸法をもち，B1判（728×1,030mm）を1面取ることができます。

　菊判と四六判の仕上がり寸法はJISでは決められていませんが，原紙の大きさは定められています。菊判の原紙（菊本判）は「636×939mm」，四六判の原紙（四六本判）が「788×1,091mm」です。

　ちなみに，文庫判はA6判（105×148mm）を，とくにそう呼びます。新書判はB列本判から40面取りした規格外で，出版社によって「103×182mm」や「105×173mm」のサイズがあり，統一されていません。その他には，B列本判から20面取りした，正方形に近い重箱判（182×206mm），雑誌用のAB判（210×257mm）があります。AB判は，A4判の左右の長さと，B5判の天地の長さをもった大きさです。

　ヤード＝ポンド法に準じた，リーガル＝サイズ（legal size，8.5×14inch≒216×356mm）あるいはレター＝サイズ（letter size，8.5×11inch≒216×279mm）といった判型があります。レター＝サイズは，A4判よりも長辺が寸足らずで逆に横幅は食み出している大きさです。

7.4. 紙の種類

紙は，経済産業省の「工業統計」あるいは「生産動態統計」により，細かい品目に分類されています。以下，統計項目に基づきながら，代表的な紙（洋紙）の種類を紹介します。

ちなみに**和紙**は，7世紀初めまでに中国から朝鮮半島を経て伝来した紙が，日本で独自に発展したものです。独特な触感と風合いがあり，その特質は，（1）中国の「溜め漉き」ではなく，日本独自の「流れ漉き」という技法を編み出して広まったこと，（2）桑科のコウゾ（楮），沈丁花科のガンピ（雁皮）やミツマタ（三椏）を原料に，トロロアオイ草などの根をつぶして得た「ネリ」と呼ぶ粘液を補助として加え，手漉きあるいは手漉きに近いかたちで製造することです。

　洋紙は，パルプの層が1層のみの「紙」と，2層以上の多層に抄き合わされた「板紙」とに，大きく二分されています。

　多層抄きの「板紙」の種類は，「段ボール原紙」「紙器用板紙」「雑板紙」に大別されます。**段ボール**（corrugated cardboard）とは，板紙二枚のあいだに，波状に加工した板紙を挟んで接着したものをいいます。断面が階段のように見えるので「段ボール」の呼称が生まれました。表と裏に使用する板紙は「ライナー（liner）」，中芯となる波形部分の板紙は「フルート（flute）」と呼び，両者を合わせてが**段ボール原紙**です。

　紙器用板紙は，表面が白くて菓子箱や化粧品箱に使われる「白板紙」，稲藁や麦藁が原料なので黄色味を帯びた「黄板紙」，古紙が原料なのでネズミ色となり伝票類のウラ表紙などに使われる「チップボール」などです。上製本の芯材には，これら白板紙・黄板紙・チップボールが使われます。紙器（しき）は紙製の箱やトレーなどの包装用器。

　雑板紙には，地券紙やワンプが分類されています。**ワンプ**は，古紙を原料に多層で抄合されており，多くは湿気からの保護を目的に片側に蠟引き加工がなされ，紙製品の包装に用います。語源は「包む」を意味する英語の「wrap」からの転訛と考えられているものです。

単層抄きの「紙」は，用途別に分類されています。新聞印刷に使われる「新聞巻取紙」，印刷物や複写機で使われる「印刷・情報用紙」，包んで運ぶための「包装用紙」，汚れなどを拭き取るための「衛生用紙」，その他の「雑種紙」です。統計項目による分類も，本章冒頭に掲げた「三つのW」の用途と重なるのです。次節では印刷用紙を深掘りします。

7.5. 印刷用紙

印刷・情報用紙は，出版物などに使われる「印刷用紙」と，複写機で使う「情報用紙」との総称です。印刷用紙の下位がまた細分されています。

```
印刷・情報用紙 ─┬─ 印刷用紙 ─┬─ 非塗工印刷用紙
               │            ├─ 塗工印刷用紙
               └─ 情報用紙   └─ 特殊印刷用紙
```

非塗工紙（品目分類上は「非塗工印刷用紙」）は，表面にコーティングを施さない紙です。紙そのものの自然な風合いが生かされ，手触りがよく，書籍に代表される，文字を主体にしたモノクロ印刷物に最適です。反対に光沢は無いので，写真などビジュアルものの再現性では劣ります。

　化学パルプに対する，機械パルプの混入量によって，非塗工紙のなかに等級が付けられており，化学パルプの比率が100％のものを**上質紙**，化学パルプ含有率が40〜90％で残りが機械パルプのものを**中質紙**，化学パルプ40％未満で残りは機械パルプのものを**下質紙**と称しています。下質紙は「ザラ紙」「ワラ半紙」とも呼称。グラビア印刷に適したように仕上げた**グラビア用紙**（gravure paper）は，中質紙の位置付けです。

塗工紙（品目分類上は「塗工印刷用紙」）は，片面または両面に，白色顔料に接着剤を混ぜた塗工液でコーティングされた紙です。塗膜が紙の表面を平滑に仕上げ，印刷の再現性を高めています。細かいディテールや滑らかなグラデーションの再現に適しており，ポスター・カタログ・写真集・美術全集といった高級多色印刷物に用いられます。

　塗工液の量とベースになる紙のランクで，「アート紙」「コート紙」「軽量コート紙」「微塗工紙」に区分されています。**アート紙**は，上質紙をベースに塗布量が表裏の両面で40g/m²前後のものをいい，「A1 アート」と呼ぶことがあります。**コート紙**は，上質紙・中質紙をベースに両面で塗布量20g/m²前後で，上質紙を使ったものを「A2 コート」，中質紙ベースを「B2 コート」と呼びます。**軽量コート紙**は，上質紙・中質紙をベースに両面15g/m²前後で，上質紙ベースは「A3 コート」，中質紙ものは「B3 コート」と呼びます。**微塗工紙**は，両面12g/m²以下です。

　アート紙には，片面のみに塗工液をコーティングして裏面は上質紙のままの「片面アート紙」があり，お酒や化粧品のビンに貼るラベル類に使用されています。アート紙の塗布量をさらに増やして，光沢度・平滑度・白色度をより向上させた「スーパーアート紙（A0アート）」と呼ばれるものも製品化されています。

　同じアート紙でも，紙面と印刷面の品質設計により「グロス系アート紙」「ダル系アート紙」「マット系アート紙」と分けることがあります。「グロス系」は，紙面・印刷面とも光沢があり，カラー印刷の彩度が上がるもの。「ダル系」は，紙面はつや消しながら，印刷面には光沢があってインクの彩度は落ちません。「マット系」は，紙面・印刷面ともに光沢を抑えて，シックな色合いを醸し出すものです。

特殊紙（品目分類上では「特殊印刷用紙」）は，一つには「ファンシー＝ペーパー」「ファイン＝ペーパー」などと呼ばれている紙です。要は着色された上質紙で，さらに模様が入ったり凹凸処理がなされたりと多彩な加工が施されています。特殊紙のもう一つのカテゴリは，官製はがき・小切手・手形・証券・地図・製図など，格別な用途の紙葉です。

　薄葉紙（うすようし）とは非常に薄い軽量な紙の総称です。JISでは坪量40g/m²以下と定義されています。印刷用の薄葉紙は，「薄葉印刷用紙」として非塗工紙の下位に立項されており，ここには**インディア紙**（India paper）が含まれます。木材の化学パルプに麻や木綿のパルプを加えて抄造した薄葉紙で，ページ数の多い聖書や六法全書で使われます。家庭用の薄葉紙としては，ティッシュ＝ペーパーやトイレット＝ペーパーが代表例ですが，品目分類上は「衛生用紙」です。

　品目分類上で「雑種紙」に含まれる薄葉紙に，**グラシン紙**（glassine paper）があります。化学パルプをもとに繊維同士の密度を高め，ポリエチレンなどで表面加工した透明度の高いものです。グラシン紙の一種で，より肉厚なのがトレーシング＝ペーパー（tracing paper）です。グラシン紙をベースに，蠟を浸透させたのが**パラフィン紙**（paraffin paper），油を浸み込ませて乾燥させたのが**油紙**（oil paper）です。パラフィン紙は函入り上製本の表紙に掛けられて保護の役目を果たします。

　引き続き「情報用紙」にもふれます。**情報用紙**は，情報システム用途に用いる紙の総称で，コピー用紙や複写用紙を指しています。コピー用紙は「PPC用紙」とも呼ばれています。PPCは「plain paper copier」の略語で「普通紙複写機」を意味するのですが，過去に主流だった感光紙タイプの複写機と区別するために使われる用語です。

参考までに，**クラフト紙**（Kraft paper）は，強度を落とさないために漂白加工を省いた褐色の紙で，封筒や包装紙に用いられます。ドイツ語の「Kraft」は，力（ちから）という意味です。茶色の色相は製造法に由来するのですが，これをさらして白色にした「さらしクラフト紙」もあります。品目分類上では，クラフト紙は「包装用紙」に分類されます。

　片面に光沢を与えたクラフト紙を，**ハトロン紙**（Patronen paper）といいます。ドイツ語の「Patronen」は，弾丸発射に必要な火薬を詰める薬莢（やっきょう）のことですが，その薬莢の包装に用いたのが名前の由来です。ハトロン紙も「包装用紙」です。戦前には洋裁用の型紙として３尺×４尺（≒909×1,212mm）という大判のものが「ハトロン紙」という名称で出回りました。これを基準に，JISではハトロン紙の原紙サイズ（ハトロン本判）を「900×1,200mm」と定めています。

7.6. 紙の重さ

紙の取引単位は重さで，「坪量」と「連量」の二つの単位があります。

　坪量（つぼりょう）は，一定面積（１平方メートル）当たりの重量（グラム）で表現するもので，単位は「g/m²」です。一般的には，紙が重くなればなるほど，紙の厚み（容積）は増していく傾向にあるところから，坪量の語は紙の厚みとほぼ同義で使われています。

　連量（れんりょう）は，一定枚数（原紙1,000枚）当たりの重量（キログラム）で表現し，単位は「Kg」です。俗に「キロ連」ともいいます。連量は，元になる原紙のサイズによって，同じ1,000枚といってもそ

の重さは異なるため、原紙が「A列本判」「B列本判」「菊本判」「四六本判」「ハトロン本判」のいずれかを、まず宣告する必要があります（JISで原紙のサイズを定めているのは、この五種類の紙です）。

アメリカとカナダでは、原紙500枚の重さをポンドの単位で表す連量が用いられて「ポンド連」といいます。板紙は原紙100枚をキログラムで表して「ボード連」と称します。板紙の原紙は種類が多く、L判（800×1,100mm）、K判（640×940mm）、M判（730×1,000mm）、F判（650×780mm）、S判（820×730mm）などがあります。

なお、紙の「密度」は、紙を構成する繊維の締まり具合をいいます。注意すべきは、重さ（坪量）が同じであっても、密度が異なるならば、紙の厚み（容積）は違ってくるという点です。

密度の低い紙はそれだけ分厚く、かさばり、フカフカした紙質となります。紙を構成する繊維の詰まり方がゆるく、あいだに隙間がたくさんあるからです。こうした紙は俗に**嵩高紙**（かさだかし）と呼ばれ、ページ数の少ない本で「束（つか）を出す」――「背幅を広げる」の意――ために使われます。逆に密度の高い紙は、繊維が互いに密着しており、重さのわりに薄く、硬く、吸水性が低くなります。

書籍「本体」のページ全体に使う紙（「本文用紙」「書籍用紙」と呼ぶ）は、非塗工紙の中質紙が多く、重さは坪量80g/m²前後、連量でいえば四六本判で68Kgあたりが中心となります。増刷が考えられるとすれば、それぞれの製紙会社が本文用紙として準備している、入手しやすいものを選ぶ必要があります。同じ銘柄で同じ坪量・連量でも、製造時期が大きくズレた紙を混ぜてしまうと色味が微妙に異なり、出来上がった書籍の小口の色合いが揃わないというリスクを抱えてしまうのです。

参考までに，内角がすべて直角の矩形は，四辺がすべて等しい正方形に始まり，短辺と長辺の理想的な比率が古来より追求されてきました。以下，代表的な比率と，その近似値の事例を示します。

（1）正方形（1：1）丸カッコ内は短辺1に対する長辺の割合

　　　　　レコード＝ジャケット，CDケース（1：1.145）

（2）4対3長方形（1：1.333）

　　　　　アナログのテレビ画面，映画のスタンダード＝サイズ

　　　　　レター＝サイズ（1：1.294）

（3）√2長方形（1：1.414）ときに「白銀比」とも呼称

　　　　　A列／B列／C列規格判，DVDケース（1：1.407）

（4）3対2長方形（1：1.5）

　　　　　官製はがき（1：1.48），トランプ（1：1.561）

（5）黄金比（1：1.618）計算式は「1：（1＋√5）／2」

　　　　　クレジット＝カード（1：1.6）

　　　　　リーガル＝サイズ（1：1.647）

（6）√3長方形（1：1.732）

（7）16対9長方形（1：1.778）

　　　　　地上波デジタルのテレビ画面，映画のワイド＝スクリーン

　　　　　スマートフォンでの縦型の短尺動画

（8）√4長方形（1：2）

　　　　　日本家屋の畳・襖・障子

とくに黄金比は，ギリシアのパルテノン神殿の，正面から見た高さと幅の比率，あるいは，エジプトのクフ王のピラミッドの，高さと底辺の比率にも採択されています。■

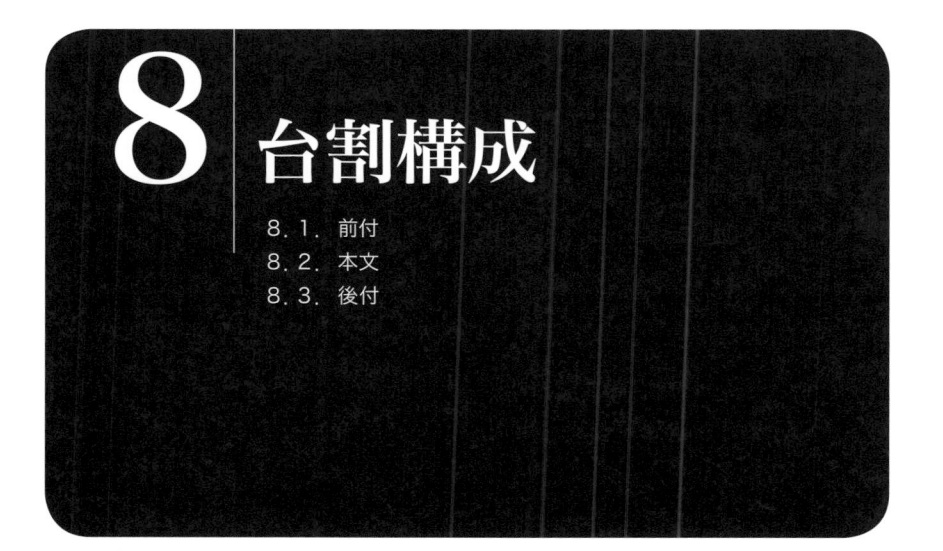

8.1. 前付
8.2. 本文
8.3. 後付

8.1. 前付

台割（だいわり，「台割表」の意）とは，書籍の各ページの流れがひと目で判読できるように，全体構成を示したイメージ図です。どのページがどのような役割を担っているかが見開きを単位に図示されています。一方で雑誌の台割は，一覧表の形式です。この一覧表の台割で各ページの記事内容が提示され，毎号の編集会議の場で担当が割り振られます。

　書籍の台割では，主たる内容である**本文**（ほんぶん／ほんもん）と，それ以外とを区別するのですが，このとき本文以外を**付き物**（つきもの）と総称します。メインの本文に付いて回って用をなす箇所という意味です。付き物は本文を中心に据えて，前半部分を**前付**（まえづけ），後半

部分を**後付**（あとづけ）と称し，次のようなものが含まれます。標題紙と奥付は必須ですが，それ以外は書籍によって取捨選択されます。

　　前付　標題紙・小題紙・口絵・献辞・推薦文・まえがき・凡例・目次
　　後付　巻末注記・参考文献・あとがき・謝辞・解説・索引・奥付

なお「付き物」という言葉には，ページ全体における本文以外の箇所という語義のほかに，出版物に付属して用をなす物理的な素材という広い意味もあります。広義の付き物は，書物本体とは分離可能ながらも共存している，カバー＝ジャケット・帯紙・スリップ，それに投げ込みの葉書や宣伝用リーフレット，全集の月報や正誤表などの印刷物を指します。

　この章では，狭義の付き物に焦点を当てて，書籍における台割構成のあらましを確認します。まずは前付として「標題紙」「小題紙」「口絵」「献辞」「推薦文」「まえがき」「凡例」「目次」を順次みていきます。

　標題紙（title page）は，ページ全体の巻頭に位置するページです。オモテ表紙を開き，遊び紙の見返しをめくると存在します。「本扉」「総扉」「大扉」ともいいますが，出版の世界では簡潔に，**扉**（とびら）と呼ぶことが多く，また意匠が施されるので「化粧扉」ともいいます。漢字表記で**標題**は本文の叙述内容を的確に表した，標識としての題目，**表題**はオモテ表紙に提示された，他と区別をつけるための題目の意です。

　この標題紙には，省略していない完全なタイトル，正式な著者名，刊行に責任を有する出版社の名称が，掲げられていなければなりません。書物の始まりを告げる，文字通り「扉」の役割を担っているのです。

　標題紙ウラは基本的に白ページのままですが，ときには印刷がなされます。たとえば，翻訳書では権利関係を明確にするために原書のクレジットが原語表記で記載されたり，洋書では CIP（シーアイピー，

cataloging in publication, 国立図書館などが出版社から提供の校正紙に基づき作成した, その本じたいの書誌情報) が表示されたりします。

上製本では標題紙を「別丁扉」とすることが多々あります。本文用紙とは異なる「別紙（べつがみ）」を用い, 印刷工程も別にして, 製本段階でペラものとして貼り込むのが**別丁扉**（べっちょうとびら）です。「ペラもの」とは一枚ものの印刷物の意で,「ページもの」の対義語です。並製本では本文用紙と同じ共紙（ともがみ）の**共紙扉**も使われます。

参考までに, **別紙**（べつがみ）とは, とくに別紙・共紙とペアで用いた場合, 本文用紙との紙質の異同を指しています。**別丁**（べっちょう）とは, 本文の折丁とは異なる用紙に別刷りされて, ページ全体に貼り込んだり綴じ込んだりするページもの, あるいはペラものをいいます。たとえば, 見返し, 別丁扉の標題紙, 口絵などが別丁仕立てです。別紙（べつがみ）は紙質のみの別をいい, 別丁は用紙選定と印刷工程がともに本文とは異なるという意です。

ちなみに, 読み方が違って**別紙**（べっし）というと, 別に添えた書面の意となります。会議や講習での配布資料において, 本文の流れと一体になっていない, 一覧表やグラフなどのページを指すものです。本資料とは切り離してまとめたうえで,「別紙」の文字を印字します。内容の一部を別の用紙に取り分けて参照用としたほうが, 出席者にとって見やすく理解されやすいと判断したときに, 別紙（べっし）の文書が作成され, 本資料に別添されます。紙質の違いという意味は含みません。

小題紙（half-title page）は, タイトルのみを小さな文字で表示した, 改丁（かいちょう）のページです。標題紙の前か後に, 共紙で置かれます。なお, この「小題紙」は本書独自の用例で, 英語表記からの拙訳です。

小題紙の存在は，束ねた折丁の冒頭ページに，備忘録としてタイトルを小さく記入したのが始まりです。表紙を装着する前の段階で，折丁の束が何の本なのかを判読する必要があったことから生まれた慣習でした。

この慣習を引き継いだのが，標題紙の前段に置かれる小題紙です。小題紙は共紙で，それに続く標題紙も共紙扉です。このケースの小題紙は出版の世界で「小扉」「仮扉」「捨て扉」などとも呼ばれています。

標題紙が別丁扉になると，小題紙の位置が変転します。別丁の標題紙では，その標題紙の直後に，目次があれば目次の後ろに，共紙の小題紙が置かれ，本文という核心箇所の始まりを告げる役割となっているのです。この場合の小題紙は「前扉」「題扉」「書名扉」なども呼び名です。

口絵（くちえ）は，写真やイラストを塗工紙に印刷して巻頭に置いたページです。一般的には標題紙の次に別丁として貼り込まれます。ただ，口絵がペラものであれば標題紙の対向位置に置いたり，数葉の口絵を本文のほぼ中央箇所に挟み込んだりするケースもあります。

献辞（けんじ）は，著者が特定の人物に向けて本作品を捧げる旨をしるした言葉です。著者の周囲の人に対する特別な謝意や敬意が，一行程度で簡潔に表現されています。標題紙の次の奇数ページをそのために設けて裏白としますが，標題紙ウラに掲げてしまう場合もあります。献辞は神仏に供物を捧げるように，著者の意中の人に当該著作を献ずるとの強い意思表示がなされているのです。故人ならば，英文では「In Loving Memory of someone（誰々を悼んで）」といった文言です。

推薦文は，著者以外の高名な人物が，当該作品の優れた点を紹介する文章です。まえがきの前段に配置されます。英語で「foreword」といい，「序文（他序の意で）」「推薦の辞」といった頭書きのもとで記されます。

ポイントは，著者とは別人で，名のある第三者の手になるという点です。新人の上木に先達がお墨付きを与えるとの意味合いとなっています。

　まえがき（前書き）は，当該作品をこれから読み始めようという読者に向けて，著者がみずから，趣旨や動機を簡潔に紹介する文章です。一般的には目次よりも前に置かれ，「序文（自序の意で）」「はしがき」「前記」「はじめに」などの頭書きのもとで綴られます。英語では「preface」といい，推薦文に相当する「foreword」とは区別されています。

　版歴を重ねている場合は「最新版のまえがき」を冒頭に配置し，その直後に「初版のまえがき」，次いで「初版の次の版のまえがき」の順で再掲します。翻訳書では「訳者のまえがき」，その次に訳出された「原著者のまえがき」という順番です。あるいは「日本版の読者へ」などと，原著者が翻訳版向けにまえがきを書き下ろす事例もあります。

　凡例（はんれい）は，当該書籍の編集方針や利用の仕方をしるしたページです。用字用語に関する記載の方針や，本文に出てくる略語や記号などの意味・用例を，要領よくコンパクトにまとめています。主に参考図書・学習参考書・理工系学術書などで掲載されます。

　目次（もくじ）は，本文の見出し項目を叙述の順に抜き出し，該当ページのノンブルと組み合わせて示した一覧表です。内容を小分けにしたそれぞれの見出し項目を，読み進めていく筋道に沿って列挙するとともに，その開始ページのノンブルと対応させているのです。記載の構成がひと目で判別でき，読みたい項目がどこから始まるのかが把握できます。

　目次の配置は，①奇数起こし，②見開き起こし，③改丁の「目次扉」を立ててウラ面から見開き起こし，のいずれかです。目次扉は「目次」の文字のみか，「目次」とタイトルの組み合わせで表示されます。

8.2. 本文

本文は，すでに述べたように，書物の中核をなす箇所であって，前付と後付を除く主要部分です。もしも本文の中身が叙述のうえで大きく分かれている場合には，新たなパートがここから始まると告げる区切りのページを挿入します。「章」「部」「編」などの見出し項目が掲げられたページは，**中扉**（「章扉」「部扉」「編扉」とも）と呼ばれています。

この中扉は「改丁」あるいは「改ページ」とします。**改丁**は，前のページの途中で文章が終了したら，ページを改めたうえ，常に奇数ページから始めることです。かりに前の文章が奇数ページで終われば，そのウラ面の偶数ページは跳ばされて白紙となり，新たな文章は「奇数起こし」で始めます。**改ページ**は，ページを改めるのみで，新たな文章の開始ページは奇数・偶数のいずれにもなる，カジュアルな処置です。

さらに中扉を改丁で処遇した場合，その中扉のウラ面の偶数ページを白紙のままとするのを**裏白**（うらじろ）といい，文章じたいは次の奇数ページから始めます。中扉ウラ面の偶数ページから文章を始めてしまうのは**半扉**（はんとびら）といい，改丁とした中扉では略式の処置です。

折り込みは，ページの寸法よりも大きい用紙に図版や地図などを印刷し，ページの大きさ相当に折りたたんで本文のあいだに挟み込んだものです。別丁で仕立てて折丁に接着剤で貼り込まれます。折り込みはページ大以上の紙葉を処理しており，ページ相当の大きさ，あるいは，それ以下のサイズのペラものを別丁仕立てで挟み込んだ場合には，単に「貼り込み」と呼んでいます。

本の「ページ」の表記に，しばしば「頁」の文字が使われます。この漢字は，人がひざまずいて頭を地につけ儀礼を行なっているときの，頭部を強調した形です。よって「顔」「頭」「額」など，人の頭に関する漢字に使われています。この「頁」の音読みは「よう」または「けつ」です。

　中国では，書物に使われている紙を数えるのに「葉（よう）」を使い，第〇葉のオモテとかウラと呼びました。ちなみに「丁（ちょう）」も紙葉（表裏２ページ分）を数える数詞ですが，日本独自の用例です。

　この「葉」という数詞が日本に入ってきたとき，画数が多い漢字なので，より簡単に書けて同じ発音の「頁」を「葉」の当て字として使用したと言われています。しかも，その字体が人の集まりでの頭数を表す漢字の「員（いん）」に似ていたことも数詞に最適と考えられました。後に西洋式製本の書物が入ってきたときに，この「頁」の文字に「ページ」という読みが与えられ定着したのです。

　参考までに，「本文」という言葉についても，ふれます。本文（text）には，以下のような四つの意味があります。（１）著作の主たる内容である文章（これが本章での用例），（２）古典籍で，元来の状態と推測される文章（この意味から本文の校訂とは，複数の写本がある場合に，それらの異版を比較のうえ，妥当とされる原文を確定し定本とする作業），（３）研究上の原典，引用上の典拠，翻訳上の底本といったような，土台となる文章（この意味から，日本語の「テキスト」が教科書や教本の意に），（４）文字データのみから成る「素」の文章（コンピュータでのテキスト＝ファイルの用例。この意味でのテキストに対して，文字指定や書式指定を施したものが，文書［document］に相当）。ちなみにカタカナ表記は「テキスト」と「テクスト」の二例があります。

8.3. 後付

この節では, 後付の「巻末注記」「参考文献」「あとがき」「謝辞」「解説」「索引」「奥付」を取り上げます。

巻末注記は, 本文の該当箇所からは離れて, 巻末に置かれる注記です。本文の該当箇所にいったん呼び出し符号を付けておき, 巻末注記ではその呼び出し符号の順番に, 注釈文が掲載されます。

参考文献は, 本文中で他の著作から引用したり参照したりした場合に, それらの著作の書誌事項をとりまとめた一覧です。「参考文献」あるいは「引用文献」「参照文献」といった頭書きのもとで, 文献リストが掲載されます。巻末注記と同様, 本文の該当箇所に呼び出し符号が付され, その呼び出し符号の順に, 文献の書誌事項がリストアップされます。

あとがき（後書き）は, 本文を読了した読者に向けて, 著者が最終的なメッセージを伝えるために用意された文章です。「跋文（ばつぶん）」「むすびに」「後記」「おわりに」などともいいます。あとがきの末尾を, 著者の周囲の人（配偶者・家族・恩師・担当編集者など）に対する感謝を込めた文章で締めくくり, 脱稿の日付や場所が記載されたりします。

単行書が文庫化された場合は, 「単行書のあとがき」が再掲された後に「文庫版のあとがき」が置かれます。

謝辞（しゃじ）は, 資料や資金の提供者, あるいは図版作成や現地調査に協力してくれた個人や機関に対し, その名称と支援内容を記載して感謝の意を表した文章です。あとがきの末尾に含める場合もありますが, 対象が多数であれば, 「謝辞」という頭書きのもとに独立したペー

ジを設けたうえで，関係者の名称が列記されます。ちなみに「謝辞」の一語は，お礼とお詫びの，二つの意味をもっています。

解説は，当該書籍や収録作品に関し，著者以外で，著作の内容に深く関与する人物，たとえば，編集者や翻訳者あるいは対象分野に近い同業他者が，著者の経歴や作品の成立事情を説明した文章です。「解題（かいだい）」ともいい，読者の理解促進のために綴られます。

索引（さくいん）は，構成要素を取り出して，そこに所在指示の機能を付けたリストです。本体ではなく，そのなかの構成要素が一定の順序で配列されており，同時に，その構成要素が本体のどこにあるのかを示す働きが備わっているのです。対象とする構成要素の属性やリストの配列方法によって，索引にはさまざまな種類があります。

書籍でいう索引は「事項索引」です。事項索引は，本文中に出てくる重要な事項や人名が見出し語として抜き出されて五十音順などで配列され，それらの見出し語が記載されているページのノンブルと組み合わされて，一覧表となっています。見出し語に採られたキーワードは本文の構成要素であり，対応するノンブルが所在場所に相当します。

見出し語の配列方法は（1）和文の見出し語を「あ〜ん」順に配し，その後段に（あるいは和文の前段に）英文を「A 〜 Z」順に並べる方法と，（2）英文は読み下して和文のなかに混配する方法とがあります。五十音順で，同音の文字は「ひらがな→カタカナ→漢字」の順，読みの音は「清音→濁音→半濁音」の順です。同音の拗促音や小書き仮名は，並字の後に配列します。ただし，長音符は（1）他の約物と同様に，無いものと仮定して配列するか，（2）長音符を直前の母音に置き換えた位置に配列する，という二つの方法があります。

また，同じ言葉を含む複合語は主項目語と下位項目語とに分けて，後段に位置する主項目語を見出し語に掲げ，そのもとに複合語の全体を字下げして配したり，同じ言葉で表現される複数の見出し語には，その言葉に対する観点をカッコ記号でくくって後尾に置いて区別したりと，見出し語の配列に工夫が施されているケースがあります。

掲げられている見出し語に矢印記号を付けて，本来の有効な見出し語に誘導する「を見よ」参照（指示先のみが有効）や，形状を変えた矢印記号を付けることで関連する見出し語を案内する「をも見よ」参照（指示元も指示先も，ともに有効）を採択している索引もあります。「をも見よ」参照では，指示先と指示元が立場を入れ替えて立項されます。

もっとも詳細な説明のあるページのノンブルをゴシック体の数字にしたり，図版での説明がある場合にイタリック体の数字にしたりと，見出し語に該当する複数のページに重み付けを図る事例もあります。

本文が縦組みでも，索引のページは横組みとし，巻末からの見開き起こしで始めることが多く，本文とは逆順に進む別ノンブルとなります。また，判型にもよりますが，通常の索引は二段か三段の段組みです。

奥付（おくづけ）は，ページ全体の実質的な巻末に位置するページです。日本ではこの奥付に主要な書誌事項をまとめて記載するのが慣習となっていますが，法律上での義務ではありません。奥付ページの上部に「著者紹介」をしるすこともあり，貴重な情報源となっています。

記載事項は，①タイトル，②責任表示（著者・訳者・編者など），③版次・刷次，④発行年月日，⑤発行所・発売元のデータ（会社名・住所・部署名・電話番号・FAX番号・振替口座番号・URL），⑥発行者，⑦造本・装訂・デザイン関係者，⑧印刷所・製本所，⑨ISBN・分類コ

ード，⑩著作権者表示（マルシー表示）⑪原産地表示（「Printed in Japan」の文言），などです。

　奥付は改丁が原則で，その結果として最終の奇数ページに置くのが慣行となっています。標題紙の奇数起こしに呼応しているのです。奥付のウラ面（最終の偶数ページ）は，何も印刷されていない白ページのままとするか，出版社の自社広告を掲載して埋めるかの，いずれかの処置をします。ただし，やむなく最終の偶数ページに置いたり，ペーパーバックではあえてウラ表紙に奥付を載せたりという事例もあります。

　奥付は，江戸時代の風俗取締りに関連しての御触書，明治期になっての1869年の出版条例，1875年の新聞紙条例，1893年の出版法（書籍が対象），1909年の新聞紙法（新聞と雑誌が対象）というように，連綿として続いた法規制の産物です。出版物・定期刊行物の取締りに必要な項目の掲載が，出版社に課せられてきました。戦後の1949年に出版法と新聞紙法は完全に廃止されたものの，慣行として残存しており，出版に関する項目の多くが奥付に盛られています。

　また，かつては奥付に「検印」が押されていました。**検印**は，発行部数の確認のために著者が押した印章です。奥付に切手状の小さな紙片（検印紙）を貼り，その上に著者が自身のハンコを押しました。発行部数が印税を計算するさいの基準数だったので，その数量を押印しながら著者が一冊ずつ確かめたのです。1960年代には出版社と著者との信頼関係により，検印は省略され「著者との諒解により検印廃止」といった文言がしるされるようになりました。ただし，現在ではそうした文言も消えて，検印の習慣は完全に過去のものとなったのでした。なお，印税を実売部数で計算するという方式も別途に生まれています。

後付には上述したもの以外に，次のようなものがあります。歴史関係の本には「年表」がつく場合が多く，伝記や評伝には「年譜」が掲げられます。学術系の啓蒙書であれば「用語解説」が示されたりします。その他「付録」として，適切な頭書きのもとに，当該書籍に必要と判断された説明事項が網羅されたりもします。著者があまりに多数人で，奥付のページ内に著者紹介として収まりきらなければ，改めて「著者一覧」が設けられます。

　繰り返しになりますが，付き物については本文の前後を挟む標題紙と奥付とが不可欠なのであって，それ以外は著作の内容に応じて採納されています。■

9 組版指定（1）版面形成

9.1. 組版とその指定
9.2. 版面の配置
9.3. 文字組みの方向
9.4. 文字の書体
9.5. 仮想正方形（仮想ボディ）
9.6. 文字のサイズ（1）ポイント制
9.7. 文字のサイズ（2）号数制
9.8. 文字のサイズ（3）級数制
9.9. 字間・行間

9.1. 組版とその指定

原稿整理と並行して「組版指定」に着手します。**組版**（くみはん）とは，定められた寸法のページ面に，文字や図版類を効果的に配置し，最適に整形していく作業をいいます。ページ面を実質的に形づくるのが組版であって，そのための指示が**組版指定**です。この組版指定とほぼ同義の言葉に「割り付け」「ページ＝レイアウト」「エディトリアル＝デザイン」「ページネーション」があります。

　組版指定で行なうべきは，（1）版面を配置し，（2）書体を選び，文字のサイズを決め，字詰めや行数を定めるなど，版面を形づくる要素を設定し，（3）版面の内部属性として段落や見出し項目を整え，（4）版

面の外部属性である柱やノンブルを定着させることです。組版指定は，生原稿あるいはデータ原稿のハードコピーに，赤文字で直接に指示の文言を書き入れていきます。また別途に，見開き状態のページ体裁を想定した**レイアウト指定紙**（「割り付け用紙」ともいう）を用意して，ここにも組版指定を書き込みます。

このレイアウト指定紙は，市販の方眼用紙で代用してもいいのですが，その出版社の雑誌や書籍の組版体裁に合わせて独自に作成されている場合も多々あります。既存出版物に合わせたレイアウト指定紙は，その判型よりも一回り大きくつくられており，基本となる本文文字のサイズが原寸大の□や○の記号で示されていて，字詰めや行数もあらかじめ設定された状態となっており，全体が淡い色合いで印刷されています。

組版の作業は長いあいだ「活版印刷における組版」として存続し，印刷会社がその任を担ってきました。戦後に写真植字システムが併用されるようになり，その写植も1970年代にはコンピュータと連動する電算写植機が稼働するのですが，組版作業は相変わらず印刷会社の持ち分でした。1990年代に組版用のDTP（ディーティーピー，Desk Top Publishing）ソフトが普及すると，組版は印刷会社の専業ではなくなり，出版社・編集プロダクション・デザイン事務所などに所属する個人でも作業可能となったのです。組版指定のデザイナーと組版用DTPソフトを操作するオペレーターが，同一人というケースも生まれました。

ただ「組版」の原義は「文字を組んで版をつくる」，より詳しくいえば「金属活字を一字ずつ組み付けて印刷用原版を物理的に成形する」ということです。組版の概念は大半が活版印刷の時代に築き上げられ，それらがDTPソフトに引き継がれているという事実は紛れもありません。

ちなみに，英文横組みでの組版指定の典拠には，英オックスフォード大学出版局の通称「オックスフォード＝ルール」と，米シカゴ大学出版局の通称「シカゴ＝マニュアル」があります。両者はイギリス英語圏とアメリカ英語圏での基準とされ，初版は前者が1893年，後者は1906年です。名称は変転しながらも版歴を重ねており，オンライン版もあります。日本では1993年と1995年の改定を経て，2004年に第三次規格のJIS X 4051「日本語文書の組版方法」が定められています。

9.2. 版面の配置

組版指定の始まりは，「版面」の配置です。**版面**（はんづら）とは書籍の単ページのなかで，文字が組まれている領域をいいます。ページ内での，余白（margin）を除いた印刷面です。遠目で見ると文字の連なりが黒っぽく浮き上がってくる，その矩形部分を指すのです。

　レイアウト指定紙は，左右の二ページが付け合わされた見開きの状態でつくられており，並んでいる両ページのそれぞれに版面を配置します。版面の周辺のうち，上部を「天の余白」，下部を「地の余白」，製本後に綴じ目となる箇所と版面との間隔を「ノドの余白（ノドアキ）」，左右の仕上がり裁ち線と版面との間隔を「前小口の余白」と呼びます。このとき，版面じたいをどの程度のボリュームでもって形成するのか，そして四周に広がる余白とのバランスをいかに取って配置するのか，それが書籍の「読みやすさ」を決める勘所となります。近代以降，版面の配置に関する，理想的なプロポーションが追求されてきました。

● 版面の配置は四周の余白とのバランスが大切で「読みやすさ」を決める

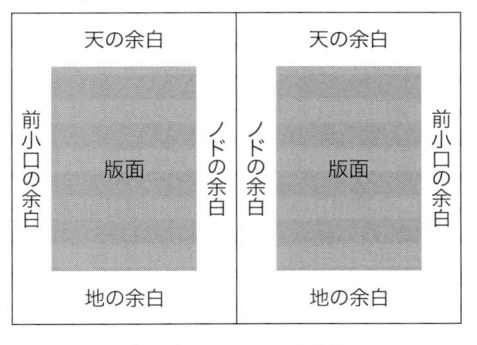

天の余白

前小口の余白 ノドの余白 版面 ノドの余白 版面 前小口の余白

地の余白 地の余白

● モリスが考える「理想的な」分割比率をもつ私家版書籍

群馬県立美術館
「理想の書物」展
(2022年)より

● チヒョルトが考案した「理想的な」分割比率に基づく版面の配置

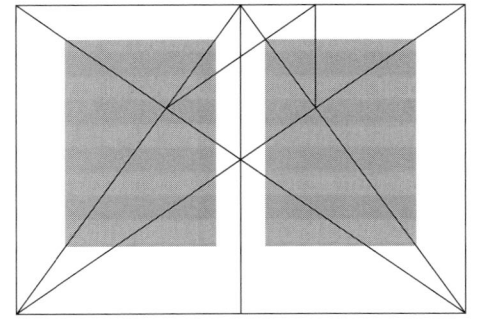

たとえば，19世紀イギリスで生活と芸術の融合を唱えた，工芸家のウィリアム=モリス（William Morris）です。モリスは，印刷工房をみずから興して私家版を出版し，そのなかで四周の余白の望ましい比率を提示。余白の幅を「ノド」「天」「前小口」「地」の順に広く取り，ノドを基準に定率「1.2」を順次に掛け合わせた比率で振り分けました。すなわち「ノド：天：前小口：地＝1：1.2：1.44：1.73」の割合です。

　ノドの余白を縮小すれば見開きで状態での左右の版面が連続した一体のものという印象を与えるし，地の余白を広く取ることで視覚上の安定性が生まれると判断したのです。もっともモリスはすべての余白を草木模様で埋め尽くし，版面以外の箇所を壁紙相当に仕上げたのでした。

　モリスの後継者・エドワード=ジョンストン（Edward Johnston）は，近代カリグラフィーの開祖として知られ，活字書体の設計にも注力した人物です。ジョンストンは見開き二ページの状態を前に，版面は二つの段が並んでいる段組みに見立てるのがいいと考えました。ノドの余白幅は左右を統合して単一のマージンとみなし，その幅を前小口の余白幅と等しくさせました。つまり，単ページにおけるノドの余白幅は，前小口の半分とするのです。結果として「ノド：天：前小口：地＝1.5：2：3：4」の比率を提唱しました。

　また，20世紀ドイツのヤン=チヒョルト（Jan Tschichold）がいます。書体デザイナーだったチヒョルトは，版面が天地左右の中央揃えではない，幾何学的な分割比率に基づく配置を提示しました。仕上がり裁ち線に囲まれた見開き状態のページ面に対し，対角線などの補助線を引き渡すことで，ノドの余白が狭く地の余白を広げた構図を定式化してみせたのでした。ヨーロッパ中世の写本を調査・解析した結果です。チヒョル

トは第二次世界大戦後にイギリスへと渡り，ペンギンブックスのアート＝
ディレクションを手掛けたことでも知られています。

　いずれにしても版面の配置でもっとも留意すべきは，ノドの余白（ノ
ドアキ）です。現実の書物を注視してみれば，ノドに近づくにつれ紙葉
はどうしても弧を描くようにして急速に内側へと曲がってくるからで
す。そのため，版面の文字があまりにノドに接近して組まれてノドアキ
が不足すると，曲面に置かれた文字は細く見えてしまい，本は読み難く
なるのです。版面の配置は平らなレイアウト指定紙で指示するわけです
が，実際に書物が製本され，物理的な立方体として立ち上がったときの
形状をイメージし忘れると，可読性に支障をきたす事態を招きかねませ
ん。製本方式の違いやページ数の多寡を念頭に，本の開き具合がどうな
るのかを想定して，ノドアキの幅を考えることが大切です。

　参考までに，雑誌については**グリッド＝システム**（grid system）と呼
ばれるデザインの方法論があります。誌面を縦横の直線で分割して複数
の矩形をつくり，この方眼をページ＝レイアウトのさいの基本要素とし
ます。そのうえで，これらの矩形を適宜に組み合わせて大きさの異なる
ブロックをつくり，ブロック単位で図版エリアと文章エリアを配置して
いくのです。第二次世界大戦後のスイスを舞台に，多くのデザイナーの
活動により定式化されました。グリッド（grid）とは「格子状」「基盤
目」の意です。

　グリッド＝システムでは，ページを繰るたびにレイアウトがさまざま
な表情をみせていても，根底は幾何学的な基本構造で貫かれているの
で，全体を通してみれば強い整合性を感じ取れるのです。1950年代の
商業雑誌で写真点数の劇的な増加に対処するため，図版エリアと文章エ

リアを先回りして囲っておけば，両者を効率的にコントロールできるとして考案されました。用途に合わせて単位形（module）を交換する，プレハブ工法やシステム＝キッチンと同様の発想です。

　次の節からは，版面形成の要素を順次みていく算段とします。版面という矩形の輪郭を形づくるには，「文字組みの方向」「段組みの有無」「一行の文字数（字詰め）」「一ページの行数」「文字の書体」「文字のサイズ」「字送り量」「行送り量」を決定せねばなりません。

9.3. 文字組みの方向

まずは「文字組みの方向」です。日本語は，縦書きもできるし横書きも可能という自由度の高い言語です。ただ，出版物の文字列は筆記具で手書きされているのでは無く，活字で組み上げられていると想定するところから「文字組み」の語を使います。

　文字組みのうち，文字を正立させたまま，ページ面で上から下へと垂直方向に活字が組み付けられていれば**縦組み**，水平方向で左を起点に右に向かって文字が進むのであれば**横組み**（厳密にいえば「左横組み」）です。ちなみに，水平方向に右起点で左へと進む「右横組み」の雛型は，和文の一文では「一行一字の縦組み」と理解されています。

　文字組みの方向が決まると，ページの開き方が連動して定まります。縦組みは，手元に置いた状態で右方向へとページを開いていくし，横組みであれば左方向にページをたぐります。一般に文芸書は縦組みで**右開き**が多く，学術的傾向が強まると横組みで**左開き**が採択されます。

　文字組みの方向とともに「段組みの有無」を取り決めます。**段組み**とは，一ページのなかの行を一定の字詰めで区切り，文字列をいくつかの区域に等分して組み付ける体裁です。縦組みでは上下に，横組みでは左右に文字列の区域を並べた場合，その区切られたひとつ分の区画が**段**です。

　辞書や大型本，それに新聞や雑誌では，二つ以上の段で構成された段組みが採択されます。二段組みや三段組みを導入すれば，段ごとに行長を短くできて読字速度は高まり，そのうえで文字のサイズを抑えたとしても可読性を保持でき，収容字数を増やせるのです。段組みでは，段と段との間隔を「段間」といい，本文文字の２，３字分のスペースを空けますが，新聞などでは段間に罫線が引かれて区切られています。

　文字組みの方向を定め，段組みの有無を判断すれば，次に「一行の文字数（字詰め）」と「一ページの行数」とを決めます。文字組みの方向が縦でも横でも，また段組みがなされていたとしても，文字列の一定の並びが**行**（ぎょう）となります。連続している文字列に対して一律に文字数を決めると行として区切られ，一行の長さが定まります。このとき，一行がもつ文字数を**字詰め**といいます。

　一行を何文字で折り返すかの字詰めを決めると，その文字数に達すればおのずと行が改まって（改行）次の行が始まります。その行もまた同じ字詰めで改行されて次々と行が連なっていけば，一ページを何行で組むかの**行数**が定まります。要は「何字詰め×何行」というかたちで，一行の字詰めと一ページでの行数がはっきりするのです。その後の文字列は次のページへと送られ，やはり一定の字詰めで折り返されて行を構築し，行が連なることで行数が一定数に達し，それによってページ面における版面の輪郭が定まっていくという流れとなります。

9.4. 文字の書体

続いて「文字の書体」を決めます。**書体**は，字形における表現様式です。前章第２節で述べたように，「字体」は頭のなかで認識する点画の構成であり，「字形」は視覚的に認められる点画の図柄でした。書体とは後者の字形において，見た目で明瞭にそれと分かるデザイン性をもった，ひとまとまりのスタイルです。形のうえでの一貫した特徴をもつ，目視可能なひと揃いの体系をいいます。手書き文字では毛筆書に由来する楷書・行書・草書・篆書・隷書の別，印刷文字では和文の明朝体やゴシック体，欧文でのゴシック体（ブラック＝レター体）・サンセリフ体・ローマン体・イタリック体・スクリプト体といった区分が，書体です。

フォント（font）は，欧文活字において同じサイズで同じ書体をもった一組を指す言葉でした。アルファベットの大文字・小文字，数字や記号類で構成された，活版活字のセットを指します。こんにちでは「書体」とほぼ同義なのですが，どちらかといえば，コンピュータで扱う電子データに「フォント」，活版印刷や写植では「書体」の語が使われます。

また，**タイプフェイス**（typeface）の語は，金属活字での「文字が刻印されてる表面」という意味です。日本語でいう「字面（じづら）」を指すものでしたが，こんにちでは「書体」の意味でも使われています。

和文書体の**明朝体**は，筆圧の強弱をもつ毛筆書を水平垂直の構図に変更しつつ方形化を図った書体です。本文文字として使われます。縦線が太く横線が細いのが特徴ですが，運筆の名残りをアレンジして横線の収筆部分には「うろこ」と呼ぶ三角の模様が付くなど，筆法での「とめ」「は

ね」「はらい」といった穂先の動きを定型化しました。「墨溜まり」や「八屋根」といった墨跡がデフォルメされた明朝体もあります。

　和文書体の**ゴシック体**は，縦と横の線の太さが均等で，線端には飾りが付きません。装飾性を排したという点で，和文でいうゴシック体は欧文書体のサンセリフ体に相当します。見出し項目や本文での強調したい箇所に使われる書体です。和文のゴシック体は明治中期に篆書（てんしょ）の直線化から生まれたと思われ，こんにちでは角ばった「角ゴシック体」と丸みを帯びた「丸ゴシック体」に分かれています。

　その他，楷書を小学生向けの教科書用に活字化した「教科書体」，新聞記事の本文で用いる，扁平な明朝体の「新聞書体」，ゴシック体の漢字に合わせた，肉太で仮名のみの「アンチック体」などがあります。

　デジタルフォント（digital font）は，コンピュータで使用するフォントです。活版印刷や写植での既存書体をデジタル化するだけでなく，デジタルフォントとしての新たな書体の開発もなされています。

　デジタルフォントの形状は，当初は文字を点の集まりで表現する「ビットマップ形式」でしたが，そこから「アウトライン形式」へと発展します。アウトライン形式は文字を輪郭線で表現。輪郭線を直線や曲線に近似させ，座標で示す点を結ぶことによって点画を表しているのです。

　アウトライン形式は，曲線部分の滑らかさを表すための補完技術によって「PostScript」「TrueType」「OpenType」に分かれます。実装上でも違いがあります。PostScript フォントはパソコン用とプリンタ用に別々にインストールする必要があったのですが，TrueType フォントはパソコンにフォントをインストールするだけで印刷実行時には必要なフォントのデータのみがプリンタに送信されます。OpenType フォントは

TrueTypeの発展形で，Mac用とWindows用に同一のフォント＝ファイル
が使用可能という，プラットフォームでの互換性を実現しています。

9.5. 仮想正方形（仮想ボディ）

本節からは「文字のサイズ」を述べます。相対的な大きさに続き，絶対
的な大きさの単位である「ポイント制」「号数制」「級数制」を説きます。

　そも**活字**（movable type）とは，活版印刷用に金属でつくった文字の
型で，「活動する文字」の意を含みます。いったん彫り込んだら固定さ
れてしまう木版印刷の文字に比べて，その可動性に着目した表現です。
活字の鋳造は，まず鋼のような硬い金属を彫刻して正像の父型（凸型）
をつくります。この父型を銅などの比較的軟らかい金属に打ちつけて母
型（凹型）とします。次に母型をセットした鋳型に炉で溶かした鉛合金
を注ぎ入れ，冷えてから鋳型を外すと凸型の活字が成型されるのです。
経年劣化しても，母型があれば活字を地金に精錬して鋳造し直せます。

　和文の金属活字は，かりに設定される正方形──「仮想正方形」と呼
ぶこととする──のなかに収納されています。一般には「仮想ボディ」
と呼ばれており，鋳造活字における物理的な金属の外周を意味していま
す。要は，二次元の正四角形なのですが，三次元の実体造形を想起させ
る「ボディ」の語に「仮想」という形容をしたのでは意味がとりにくい
と考え，本書では「仮想正方形」と呼ぶこととします。

　活字の文字は正四角柱の天に彫られているわけですが，この角柱を上
から見たときの方形の周縁こそが仮想正方形です。この仮想正方形のも

つ，天地あるいは左右の寸法が，和文での「文字のサイズ」となります。文字のサイズとは，すなわち仮想正方形の大きさであり，正方形のなかに収まるようにデザインされているため，その四周の，いずれかの一辺の長さが該当するのです。この文字のサイズのうち，文字組みの方向による寸法を**字幅**（じはば）と呼びます。縦組みでは仮想正方形の天地の高さが字幅に相当し，横組みでの字幅は左右の長さです。

　実際に文字が専有している部分の正方形は**字面**（じづら）と呼び，仮想正方形よりも一回り小さくなっています。仮想正方形が金属活字の物理的な外囲いとすれば，字面は凸状の活字そのものに接する内枠です。

　一つの文字における字幅と同じ大きさを，**全角**（ぜんかく）といいます。全角を基準に，その二分の一は**半角**（はんかく）または**二分**（にぶん）であり，逆に二倍は**倍角**（ばいかく）または**二倍角**（にばいかく）です。全角を基準にして，「半角／二分」「三分」「四分」と相対的に縮小し，逆に「倍角／二倍角」「三倍角」「四倍角」と拡大します。

　写植やDTPソフトでは，縦横の比率が等しい仮想正方形を「正体（せいたい）」と呼ぶのですが，その正体を「平体」「長体」「斜体」と変形させることが可能です。

　平体は左右を一定のまま天地を縮小させ，変形率に応じて10%ごとに「平１」「平２」「平３」と呼称します。同様に，正体の天地を一定のまま，左右を縮小して縦長にしたのが**長体**で，変形率により「長１」「長２」「長３」があります。さらに正体を右にも左にも傾けた平行四辺形のかたちに変形でき，これを**斜体**と呼び，10度刻みの傾斜角度で「斜１」「斜２」「斜３」となります。斜体は任意の書体を機械的に変形させたもので，最初から傾けて設計された，欧文書体のイタリック体とは別物です。

ちなみに英文での文字のサイズは，小文字の「ｂｄｆｈｋｌｔ」七文字の頭頂に接する水平線（ascender line）から，小文字の「ｇｊｐｑｙ」五文字がもつ，下へ伸びた足先をつなぐ水平線（descender line）までの，天地の高さ（垂直距離）をいい，これを「ボディ＝サイズ（body size）」と呼びます。左右の横幅は「セット（set）」といい，個々の文字で異なります。なお，アセンダー＝ラインは，大文字の先端を揃える水平線（cap line）よりも，ほんのわずかに上の位置です。

9.6. 文字のサイズ（1）ポイント制

文字の絶対的な大きさの単位には，ヤード＝ポンド法に由来する「ポイント」，尺貫法を充当した「号」，メートル法に基づく「級」があります。

　まず，**ポイント制**です。ヨーロッパでは18世紀半ばまで，活字の大きさを表す一定単位は無く，独仏英米では大小の活字のそれぞれに宝飾品や教典の名称を付けて区別していたのです。しかしながら精密測定技術をもたない時代ゆえに，同じ名前であっても，その実寸法は鋳造所によってバラツキがあったのでした。

　活字寸法に定尺を与えて標準化を図った最初の試みは，フランスの活字製造者・フルニエ（Pierre-Simon Fournier）の提案でした。1764年までに，独仏で「シセロ（Cicero）」と呼ばれていた活字のサイズを基準とする，ポイント制の原形を唱えたのです。

　このフルニエ式ポイント制における精度の不正確さを正したのが，やはり活字製造者であるディドー（François-Ambroise Didot）です。当時

のフランスで常用されていたヤード=ポンド法にしたがい，1770年ごろに，1ポイントを1/72 inchと定めて「ディドー式ポイント制」としました。このディドー式が欧州では金属活字の標準として定着します。

　一方のアメリカでは，1886年に全米の活字製造業者が集まり，MSJ社（MacKellar, Smiths & Jordan）の鋳造した活字「パイカ（Pica）」を基準とすることが合意されます。この活字の大きさは，1 inchの六分の一でした。ここから，1ポイントを1/12 pica，すなわち1/72 inchと定める「アメリカ式ポイント制」となります。アメリカ式ポイント制は，イギリスでも1905年に採用。日本にも明治末期の1908年に初めて紹介され，数年後には東京築地活版製造所でアメリカ式ポイント制による最初の活字がつくられています。

　ディドー式もアメリカ式も1ポイントは1/72 inchなのですが，双方のメートル法換算が異なるために，1ポイントがディドー式では0.3759mm，アメリカ式は0.3514mmとなっています。日本は1962年のJIS Z 8305「活字の基準寸法」にて，アメリカ式ポイント制の値0.3514mmを採択しました。

　一方においてゼロックス社（Xerox）が1981年に商用発売した組版用のDTPソフトでは，1ポイントに当たる1/72 inchをメートル法換算で2.54/72mmと定め，この計算値の小数点五位以下を四捨五入して0.3528 mmとしたのです。ここから，1ポイントを0.3528 mmとする換算値が，組版用のDTPソフトでは標準となりました。いわばDTP式ポイント制です。ちなみに，組版指定にさいしてのポイント制の単位は「9ポ」「10P」「12pt」のように表記します。

9.7. 文字のサイズ（2）号数制

号数制は日本の尺貫法を当てはめたもので，「初号」「一号」「二号」から最小の「八号」まで，九種類のサイズがあります。

　この「号」の由来は，中国は清の時代，上海にあった美華書館――プロテスタント系の教会がキリスト教普及のため 1844年に建てた印刷所が，1858年に美華書館と名を変えて上海に移転した――による金属活字（アメリカ式ポイント制）の販売広告にさかのぼります。ここで示された「号」は，「一番目」「二番目」と大きさの順に番号を振った序数詞でした。順序を示す数字を活字サイズに転用したのは，本木昌造（もとき しょうぞう）か，その弟子の平野冨二（ひらの とみじ）です。一号の上に初号を創設し七号と八号を追加して九種類の号数名称を定め，倍数比例で一部の寸法を手直しして，尺貫法との整合性を図りました。

　ちなみに，本木昌造は1869年に長崎製鉄所付属の活版伝習所を設立した人物です。同年11月から翌1870年3月までの約四か月間，美華書館の館長を勤めていたウィリアム=ギャンブル（William Gamble）を招聘。ギャンブルの持ち込んだ活字を本木が複製したことで，日本の活版印刷は緒につくのです。本木の門下生だった平野冨二は1872年に東京に進出し，神田佐久間町に長崎新塾出張活版製造所を設立。翌年に工場を築地に移して，東京築地活版製造所と名称を改めます。築地活版は大成し，同社の明朝体活字は「築地体」と呼ばれて明治期に一世を風靡したのでした。しかしながら，1923年の関東大震災で壊滅的な打撃を受け，ついに回復しえぬまま築地活版は1938年に解散しています。

日本では長らくアメリカ式ポイント制と号数制の二本立てが続き，1962年のJIS Z 8305では号数とポイントとの対応が微調整されます。たとえば，本文文字の活字サイズだった五号は，ポイント制の10.5ptに近似換算され，公文書などで常用されました。こんにち号数制は使われておりませんが，日本語のワープロ＝ソフトでは10.5ptのサイズが標準装備されており，号数制の名残りとなっています。

9.8. 文字のサイズ（3）級数制

文字のサイズにはもう一つ，写植発祥の**級数制**があります。メートル法に基づくものです。メートル法を維持するための多国間条約（メートル条約）に日本が加入したのは1885年。1921年には度量衡法が改正され，尺貫法の廃止とメートル法への移行が政策的に企図されます。ただし，欧米の技術を輸入した関係でヤード＝ポンド法の規格は残り，市井の職人は慣れ親しんだ尺貫法を捨てがたく思っていたのでした。

　写真植字システムは，1924年に石井茂吉（いしい もきち）と森澤信夫（もりさわ のぶお）によって特許出願され，五年後の1929年に最初の実用機が完成しています。この一号機は当時の五大印刷会社（凸版印刷・共同印刷・秀英舎・日清印刷・精版印刷）に試験導入されたものの実用せず，もう一台，海軍水路部（現在の海上保安庁海洋情報部）の購入機が，実際に潮汐表（ちょうせきひょう）作成に利用されました。収容文字数は5,460字。配列は，文字の視覚的な形態に着目して独自の見出し分類がなされ，語呂合わせによる検索術と組み合わされました。

オペレーターが文字盤から文字の一字一字を探していく，この「手動式写植機」は，和文タイプライタと写真機とを合体させたような機械です。歯車とゼンマイ仕掛けで文字盤を動作させながら，指定された文字をネガフィルム状の文字盤から選び出し，その文字に光を当てて印画紙に焼き付け，印画紙をスライドさせて次の文字を焼き付けるという工程の繰り返しにより，印刷用原版の元になる版下をつくるシステムです。レンズを調整すれば，文字の像に対して拡大・縮小・歪み変形も可能です。ただし，選字と露光が同時に行なわれるため，印字現像の後の赤字修正は，手工的な切り貼りに頼らざるをえませんでした。

　瞠目すべきは，詰め組みです。活版印刷の組版では金属活字の物理的なボディに阻まれてしまうため，字間をベタ組みよりも詰めることは不可能でした。写植機では詰め印字が可能となり，字間を一律に1歯詰めとするような「均等詰め」，仮名文字のような異なる字面の文字を，字間の見た目が同じになるように調整して詰める「字面詰め」，隣接する二文字の組み合わせから字面をまたいで詰める「食い込み詰め」などが実現します。文字を印字した印画紙を出力し，手作業で切り貼りしたのちに写真製版することもなされました。

　写植での文字のサイズは，メートル法にしたがった級数制が創案されます。「級」は1mmの四分割である0.25mmを1級とする単位です。四分割すなわち英語「quarter」の頭文字をとって単位表記を「Q」とし，これに漢字の「級」を当てたのです。字送り量と行送り量の単位表記には，歯車の推進を意味する「歯」の文字を用い，英語では「H」を当てました。1歯もまた0.25mmです。こんにちの組版用DTPソフトでは，ポイント制と併用されています。

石井と森澤はその後に別々な路線に分かれ，石井は最終的に株式会社写研を興し，森澤の会社は株式会社モリサワとなりました。活字が鉛を四百度近い高熱で溶かしてつくられるのに対し，活字不要を「cold（冷たい）」で表現して「cold type system」，略してCTS（シーティーエス）の名が第二次世界大戦後の手動式写植機には付いたのでした。

1970年代，写研とモリサワにリョービが加わった写植機メーカーの三社は，歯車とゼンマイ仕掛けに代えて，マイクロ＝コンピュータを装備し印字機構を電動で制御できる手動式写植機を開発。ブラウン管も搭載されて，組版結果が像として目視可能となります。

一方で，新聞社を舞台に大手印刷会社とコンピュータ＝メーカーが連携。大型の汎用コンピュータと写真植字システムをつなぎ，専用プログラムが組版作業を制御して自動的に写植を行なう「電算写植機」を1960年代後半に実用化させたのです。ここで開発された電算写植機は頭字語の「CTS」が読み替えられて「computerized typesetting system」の意となったのでした。

電算写植機は，汎用コンピュータを内蔵して入力と組版を行なう装置と，この装置からの出力データによって自動的に駆動される写真植字機との組み合わせで，成り立っています。入力部分は当初の文字盤式からペンタッチ式やキーボードによる仮名漢字変換式へと変化しました。組版部分も処理内容がディスプレイ上の表示と一致する機能が具備され，組版作業が画面を見ながら逐次に行なえるようになります。

しかしながら，組版用DTPソフトの性能が向上したことにより，手動式写植機は1980年代末に，電算写植機も1990年代にはそれぞれ生産中止となり，八十年に及ぶ和文写植機の幕を閉じたのでした。

9.9. 字間・行間

この節では「字間」と「字送り量」，それに「行間」と「行送り量」について述べます。

　字間（じかん）は，文字がもつ仮想正方形と，隣接する仮想正方形とのあいだにある空白をいいます。文字と文字との狭間部分です。

　字間に空白を挟まずに，仮想正方形同士を密着させる文字組みを「ベタ組み」あるいは「字間ベタ」といいます。和文の本文ではもっとも標準的な指定です。ベタ組みによって等幅で配置された文字が，読みの連続性を支えているといえます。本章第5節で述べたように，字面は仮想正方形よりも一回り小さいので，字間ベタであっても文字と文字とが接触することはありません。標題や章タイトルは字間ベタではなく，「字間四分アキ」「字間二分アキ」といったような，仮想正方形のあいだに空白を置くアキ組みの指定も，活版印刷で行なわれました。

　写植以降，字間の指定は**字送り量**でなされます。字送り量とは，文字（仮想正方形）の基準点から，次の文字（仮想正方形）の基準点までの，距離（歯車の推進量）です。基準点を仮想正方形の天地左右の中央地点に置けば，隣接する仮想正方形の中央地点までの間隔が，字送り量となります。つまり「字送り量＝字幅＋字間」です。たとえば，文字のサイズが12Qのときに字間ベタならば字送り量は12H，文字12Qで字間四分アキならば字送り量15H（12+12÷4），文字12Qで字間二分アキは字送り量18H（12+12÷2）となります。文字12Qで字間0.5Hの均等詰めならば，字送り量は11.5Hと指定します。

また**行間**（ぎょうかん）は，任意の行と隣接する行とのあいだの，空白部分をいいます。このときに**行送り量**は，任意の行の基準点から，次の行の基準点までの距離です。すなわち「行送り量＝字幅＋行間」となります。字間・行間とも組版指定は，字間・行間のアキで示すのか，字送り・行送りの量で指示するのかは，判然とさせねばなりません。

　この「字送り」「行送り」の言葉は，組版指定では印字位置の移動量を指し，本節ではそれを明確にするために「字送り量」「行送り量」としました。ただ校正作業においては，加筆・削除によって前の行や次行に文字を移動するのを「字送り」，行をまるごと前の，あるいは次のページに移すことを「行送り」と呼ぶ事例があるので要注意です。

　参考までに「ベタ」の原義は（1）「一面に」「隙間なく」で，文字組みでの「ベタ組み」が用例です。そこから（2）接頭辞として「べた惚れ」「べた負け」のように，「すっかりその状態になる」の意を含むようになりました。さらには（3）全体に斉一なさまから「ありきたりだ」「面白味がない」といった意味が派生し，新聞や雑誌の「ベタ記事」や，漫才やコントでの「ベタなギャグ」といった用い方がなされています。

　以上みてきたように，版面を形づくるには手順を踏まねばなりません。文字組みの方向を定め，段組みの有無を判断したうえに，まず書体を決める。次いで文字のサイズを決め，一行の字詰めを決め，字送り量を設定する。指定行長が決まれば，一ページの行数を決め，行送り量を設定する。しかるのちに，版面の四周を取り囲む境界線が定まるのです。版面の存立は，文章に一定の区切りを与えてページ単位に分割し，ページのたたずまいを整えて，文章を読み進めるさいに一定のリズムを刻むものと相成ります。■

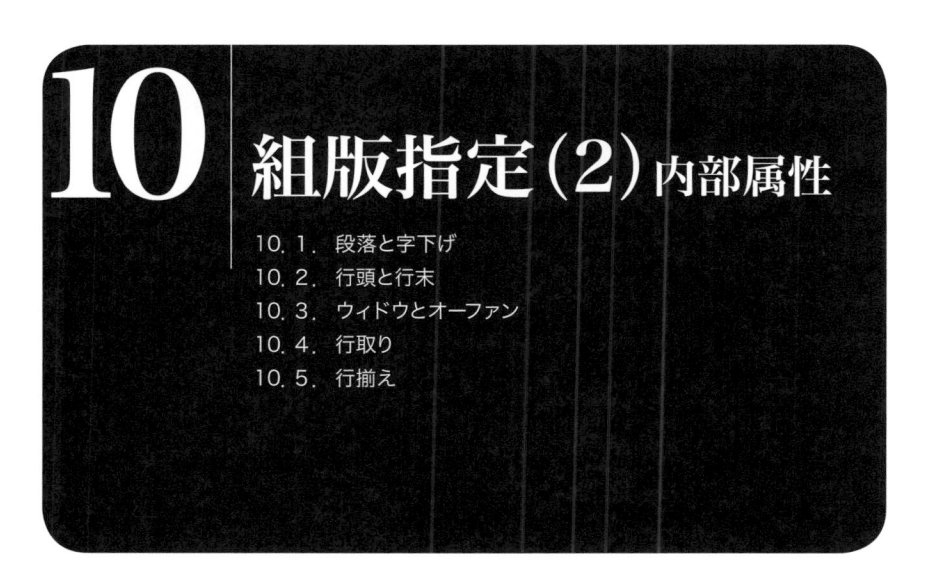

10 組版指定（2）内部属性

10. 1. 段落と字下げ
10. 2. 行頭と行末
10. 3. ウィドウとオーファン
10. 4. 行取り
10. 5. 行揃え

10. 1. 段落と字下げ

版面の内部に含まれる属性には，「段落と，その先頭行1字下げ」「段落内の行頭・行末の処理」「段落間のウィドウとオーファン」「段落間の見出し項目における，行取りと行揃え」があります。順に説明します。

　まず「段落」です。**段落**とは，長い文章における意味のうえでの大きな切れ目，または，そのような切れ目から次の切れ目までのあいだの，ひとまとまりの部分をいいます。要は，特定の趣旨をもった複数の「文」が集まったところで強制的に改行されると，そこに「段落」が形づくられるのです。そして複数の段落が次々と連なっていくことにより，著者の意図に沿った「文章」が組み上がります。

段落は版面の内部に属しています。一行での定まった字詰めが満たされれば，おのずと行は折り返されて次の行へと移ります（自然改行）。指定行長に達する前に行を改めると（強制改行），そこで段落としての仕切りが生まれて，次の行からは新たな段落が始まるという算段です。

　段落が形成されれば，縦組みではそれぞれの行の一文字目の上辺を，横組みでは同様の左辺を，**行頭**（ぎょうとう）と呼びます。それぞれの行の始まる位置です。対して**行末**（ぎょうまつ）は行の終わる位置をいい，縦組みでは各行の最終文字の下辺，横組みでは同様の右辺です。行頭から行末までの長さが，**指定行長**となります。

　このとき，縦組みでは上辺（横組みでは左辺）にある行頭ラインから何文字分か空けた後に文字を組み始める処理を，**字下げ**といいます。段落・引用文・箇条書き・見出し項目などの箇所で，字下げは行なわれます。とりわけ和文の文字組みでは，段落における先頭行を1字下げとするのが一般的です。行頭ラインから1文字分を空けた文字組みは，段落がそこから始まる目印となっているのです。

　そも「段」の語は「断ち切る」が原義です。ここから段組みでの「段」は，文章を均等に区分して（断ち切って）——縦組みでは上下に，横組みでは左右に——並べた場合の，そのひと区画という意味でした。一方で段落の「段」は，長く連なった文章を区分けた（断ち切った），そのひとまとまりの意となっています。しかも縦組みでは，先頭行の1字下げにより行頭が下がる（落ちる）のが一般的な目覚えとなっているので，ここに「落」の文字を伴った「段落」の語が生まれました。

　段落の先頭行1字下げと定めながらも，部分的に字下げしない箇所を含む文字組みがあります。その場合に字下げしないのは（1）行取りさ

れた見出し項目に対し，その直後の段落，（2）引用文や箇条書きを字
下げで組んだ後に，本文に戻っての最初の段落，（3）改ページの直後
に始まる新たな段落，です。これらの段落に限っては，先頭行1字下げ
とせず，行頭ラインに揃える──縦組みでは「天ツキ」と呼ぶ──文字
組みとするのです。というのも，見出し項目，引用文や箇条書き，改ペ
ージの直後は，空白に接して段落が始まるので，字下げしてしまうとコ
ーナーが欠けた印象を視覚的に与えてしまうという判断からです。

　字下げに対して，行頭ラインよりも1ないし2文字ほど突出させて文
字組みするのは**字上げ**です。段落先頭行を字上げして組むのは，むしろ
目障りな印象を残すので，めったに行なわれません。ただ見出し項目の
字上げはなされます。行末ラインよりも何文字分かを残して文を終えて
しまう文字組み処理もまた，字上げと呼んでいます。

　段落は一般的に，先頭行が1文字分の字下げで始まり，最終行を強制
改行による行末ラインからの字上げで終えています。先鋒と末尾が見た
目のうえでも空白で区切られているのです。ですから，最終行が行末ま
で目いっぱい組まれていると段落末端の見分けがつかないので，追い込
み処理で最終行に空白をつくるか，追い出し処理で1行増やすといった
調整を施すのが良策です。

10.2. 行頭と行末

行頭と行末におけるラインは，すなわち版面と余白（マージン）とのあ
いだの境界線でもあるのですが，この分水界をどこまでも直線で構築し

たいというのが和文組版での基本的な考え方です。行頭・行末のみならず，版面の四周を真っすぐな画線で仕切ることができれば，ページ面を内と外とに区分ける境目が明瞭となり，きりりと引き締まった版面が屹立するからです。

さはさりながら，この境目の直線化を阻むものがあります。版面内部に属する要素でありながら，版面の境界線から食み出さざるをえないもの，すなわち，（1）版面の一行目に配置した振り仮名（ルビ），（2）行末を越えて「ぶら下げ」処理した句読点，（3）横組みにおいて版面の最終行に配した下線，が該当します。版面と余白との境界は，縦横が常に一文字（いちもんじ）になるとは限りません。

ここでいう**ぶら下げ**処理とは，そのままだと行頭にきてしまう句読点を，前の行での行末ラインを越えて，食み出させて文字組みするものです。下記で言及するように，句読点は行頭に配置してはならず（行頭禁則），それを避ける調整をせねばならないのですが，ぶら下げ処理は回避調整をすることなく，行末ラインから飛び出た状態で句読点が配置されます。句読点を行末ラインに（風鈴のように）ぶら下げてしまうことで，回避調整である追い込みや追い出しの処理回数が省かれ，効率的に文字組みが進捗するという理由から生まれた操作でした。ただし，横組みではぶら下げ処理によって，行末からの句読点の突出が悪目立ちするために容認しないとする事例もあります。縦組みでも一行の字詰め量が少ない場合にも，ぶら下げ処理は御法度です。いずれにせよ，句読点以外の約物はぶら下げ処理できません。

さて——約物のなかには行頭や行末に配置してはならず，これを回避する処理（**禁則処理**）が必要なものがあります。禁則処理では，追い出

しや追込みをします。**追い出し**は，直前の行の字間を均等に空けて行長を引き延ばすことにより，行末に来るはずの文字を次の行へと送り出す処置。**追い込み**は，直前の行で調整可能な箇所の字間を詰めて，行末に来るはずの文字が次の行に渡らないよう，その行内に留める処置です。

まず，行末に位置すべきではない約物があります。**行末禁則**と呼び，始めカッコが該当します。その行で追い込み処理をして行末を「始めカッコ＋1文字」で終えるか，追い出し処理をして始めカッコを次行の行頭にもっていかねばなりません。

次に，約物で行末から行頭へと行をまたいではならないものがあります。**分離禁則**と呼び，①二倍角の，ダッシュやリーダー，②連数字と単位記号の組み合わせ，③「二・二六事件」「二八蕎麦」「二，三の事柄」といった成句・慣用句・概数での数字列，が該当します。分離禁則を回避するには，やはり追い込みや追い出しの処理を施します。

参考までに，欧文での一単語の長さが行末ラインを越えてしまう場合は，（1）分離禁則を適用して，追い込みや追い出しの処理をする，（2）ハイフネーション処理をする，という二つの回避方法があります。ハイフネーション（hyphenation）とは，行またぎの一語を音節で分けてハイフンを付し，残りの文字列は次の行に送り出すという処理です。

禁則処理では最後に，行頭に位置すべきではない約物があります。**行頭禁則**と呼び，①句読点，②終わりカッコ，③中点・ハイフン・斜線などのつなぎ記号，④疑問符・感嘆符，⑤繰り返し符号，⑥長音符，⑦拗促音や外来語を表記する小書き仮名，が該当します。

ただし，一行の字詰め量が少ない場合，行頭禁則の調整で追い出し処理が増えると字間が空き過ぎてしまいます。そのために，⑤繰り返し符

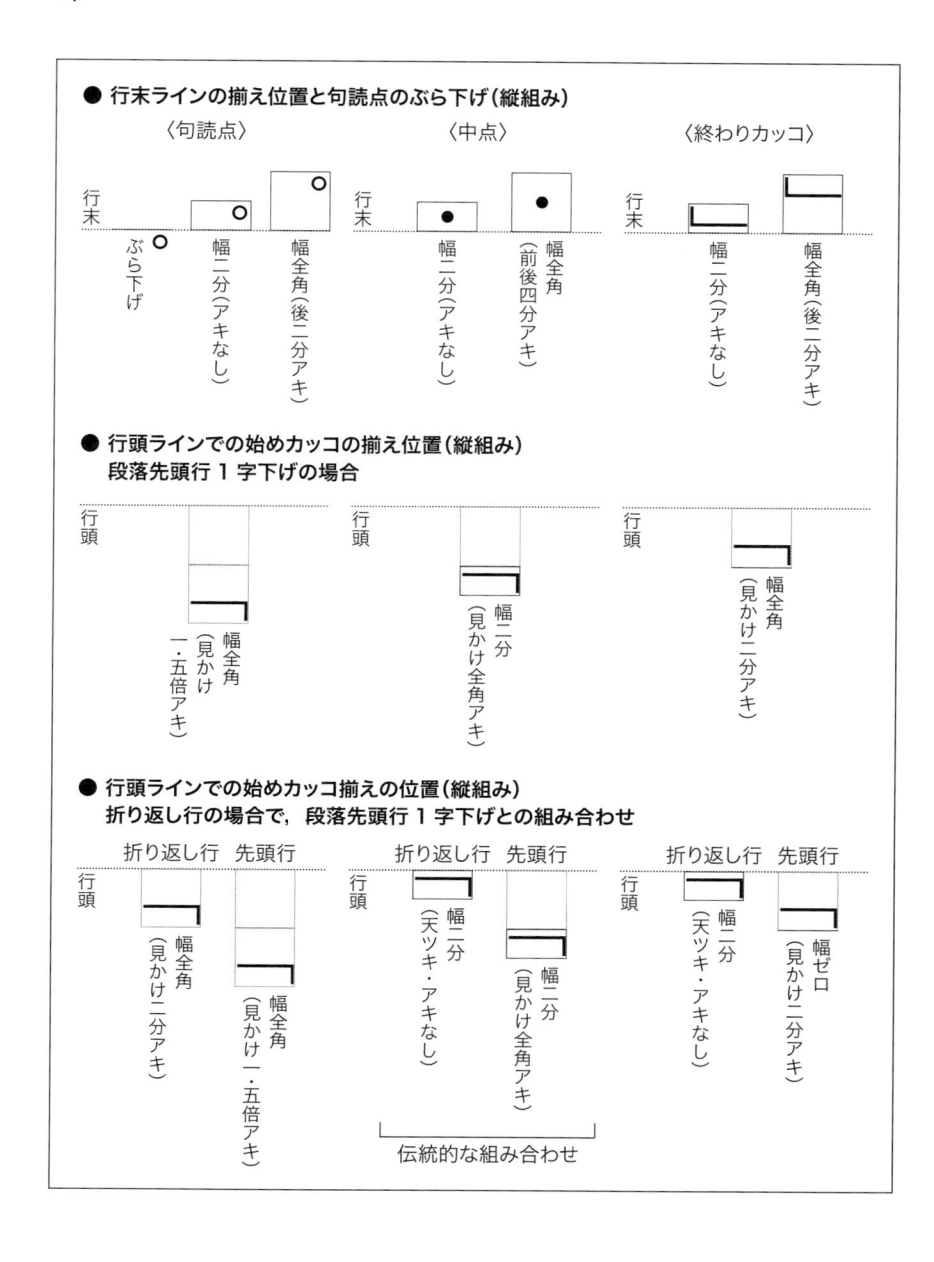

号，⑥長音符，⑦拗促音や小書き仮名に関しては，行頭禁則の対象から外すという事例もあります。

　なお，繰り返し符号については，行頭に来た場合に元の文字を復活させて処理します。もちろん「佐々木」「奈々子」のように，固有名詞のなかで使われている繰り返し符号は，行頭禁則の対象とはなりません。

　ところで——全角の字幅をもつ漢字や仮名は，行頭・行末に過不足なく配置できるのですが，約物のうち句読点・カッコ・中点などについては，アキを伴う全角幅のものと，字幅のみの半角幅のものの，二種類があります。基本は全角幅（幅全角）を使うのですが，行頭と行末の揃え位置によっては半角幅（幅二分）も含めた使い分けを必要とします。

　まず行末ラインの揃え位置ですが，終わりカッコと中点は，①全角幅を配置，②半角幅を配置，という二種類の揃え方があります。句読点に関しては，①全角幅を配置，②半角幅を配置，③ぶら下げ処理で配置，という三種類があるのです。

　次に行頭ラインでの，始めカッコの揃え位置です。行頭での始めカッコは，（1）段落の先頭行1字下げの場合と，（2）自然改行によって折り返された場合とで異なります。（1）先頭行1字下げの場合は，①全角幅を配置（見かけ半角アキ），②全角空けて，半角幅を配置（見かけ全角アキ）③全角空けて，全角幅を配置（見かけ一・五倍アキ）の，三種類。続いて（2）折り返し行の場合は，①半角幅を配置（アキ無し，縦組みでの天ツキ），②全角幅を配置（見かけ半角アキ）の，二種類です。行頭での始めカッコの伝統的な配置は，先頭行1字下げでは「見かけ全角アキ」，折り返し行においては「アキ無し（縦組みでの天ツキ）」という組み合わせです。

10.3. ウィドウとオーファン

一つの段落が終わり次の段落が始まるという，段落と段落との狭間においては「ウィドウ」と「オーファン」の状態に留意し，それらの回避を試みなければなりません。

ウィドウ（widow）とは，段落末尾の最終行で，指定行長に対し文字数が少なすぎる状態をいいます。英語の原義は「未亡人」ですが，副次的な意味で「（一対でありながら掛け違いで余ってしまったボタンのように）取り残されたもの」というニュアンスで使われています。日本語訳は定まっていません。

欧文でのウィドウは段落末尾が「1単語のみの最終行」を指します。和文では段落末尾が「1文字のみの最終行」をウィドウとみなします。強制改行で最終行に「1文字（＋句点）」だけが残ってしまった状態です。

ウィドウでもっとも見苦しいのは，新しいページの冒頭で「る。」など「1文字（＋句点）」が最終行として残り，そのままページが改まってしまうケースです。ウィドウであるだけでなく，次に述べるオーファンの状態も兼ねているからです。

ウィドウは回避するのが望ましく，そのためには，①最終行の直前の行で字間を詰めて追い込み処理するか，あるいは，②直前の行から1文字の追い出し処理を施し，最終行を2文字とするか，いずれかを施さなければなりません。追い出し処理にみるように，段落の最終行は「最低2文字（＋句点）」を確保するのが原則です。ただし，1行の字詰め量が少ない文字組みでは，ウィドウを容認せざるをえない事例もあります。

一方で**オーファン**（orphan）とは，段落を構成する行数が少なすぎる状態を指します。英語の原義は「孤児」ですが，ここでは「（食パンをカットして半端となったミミの部分のように）見捨てられたもの」のニュアンスで使われています。やはり日本語訳は定まっていません。欧文でも和文でも，オーファンは「1行のみの段落」を意味します。

あるページの最終行が，新しい段落の先頭1行だけで途切れた状態や，新しいページの冒頭に，前ページの段落末尾の最終1行が入り込んだ状態です。

ページ末尾が「見出し項目のみ」あるいは「見出し項目＋本文1行」でページが改まった場合も，オーファンとみなします。とりわけ見出し項目のみでの改ページは，罫線囲みの文章や複数行の見出し項目がページをまたぐのと同様に「泣き別れ」と呼ばれ，忌避されてきました。

いずれにせよ，追い出し処理などを施して，偶数ページであれ奇数ページであれ，ページを改めた直前・直後は「最低2行」あるいは「見出し項目＋最低2行」を確保するのが原則です。ただし，縦組みの場合で，見開きの偶数ページ末に，見出し項目が孤立するか，あるいは先頭1行のみの段落となった場合に，これらを容認する事例もあります。見開きの左右ページを俯瞰して連続性が担保されているとみなす判断です。

10.4. 行取り

段落と段落とのあいだには「見出し項目」が貫入することがあります。**見出し項目**（head title）は，内容の要点が一目でわかるように，本文に

先立って置かれる短い語句です。後続の文意を簡潔に伝えています。見出し項目は上位から下位への階層構造を取っており，その等級格差は，①文字のサイズ，②使用する書体，③字下げ，④行取り，⑤罫線や印物での装飾によって，差別化が図られます。

　見出し項目の相対的順位は「大見出し（おおみだし）」「中見出し（なかみだし）」「小見出し（こみだし）」というように呼び分けられており，一般的には，この順で文字のサイズは小さくなります。最下位の小見出しでは，文字のサイズは本文と同じでも，ゴシック体のような，より画線の太い書体を使用して区別されます。

　見出し項目の位置は，字下げと行取りを併せて，たとえば「大見出し，４字下げ，段中で前１行アケ，２行取り中央揃え」などと指定されます。このうち「２行取り中央揃え」での**行取り**とは，行送り方向での何行分かの専有領域を確保するという処理です。本文での，複数行にわたるスペース保持の取り決めをいいます。上記事例での大見出しの指定は，本文の行頭から４文字分下がったところから始めて（４字下げ），段落と段落のあいだに挿入される場合は，前の段落から１行空けて（段中で前１行アケ），なおかつ本文２行分の専有領域のなかで天地左右の中央位置に配する（２行取り中央揃え）というものです。本文３行分の中央配置とせず，前の段落から１行空けた後に２行取りする理由は，この大見出しが後続側の段落内容を示すという事実を，より後続の段落に近接させることで可視化しているのです。

　行取りの指定は，本文からみれば「異物」に当たる要素——見出し項目を始め，図版や一覧表，文字のサイズを落とした引用文や注釈文——が行と行のあいだに挟まる場合に用いられます。

見出し項目が行取りによって専有領域を割り当てられ，独立した行として掲げられていれば，総称として「別行見出し」と呼びます。これに対して，本文の行頭に挿入されている見出し項目は「行頭見出し」あるいは「同行見出し」と呼びます。とくに，行頭で二行分または三行分のスペースを取って埋め込まれていれば「窓見出し」と呼び，この窓見出しの下から複数行の本文が組まれます。これらの，行頭見出し・同行見出し・窓見出しは，いずれも小見出し扱いです。

　数字を使うことで見出し項目の絶対的な順位を定めることができます。この場合は「章（chapter）」「節（session）」「項（clause）」の言葉とともに表示されるのですが，これらよりも大きい上位項目として「部（part）」あるいは「編（series）」を立てることもあります。

　通常は「第 1 章　○○○」「第 2 節　◇◇◇」「第 3 項　□□□」と表示するのですが，数字に約物を合わせて「1　○○○」「（2）◇◇◇」「③　□□□」としたり，ゴシック体の数字に対しドットを添えることで「1.○○○」「1.2.◇◇◇」「1.2.3.□□□」と，より明確に階層構造を示したりします。

10.5. 行揃え

行揃えとは，文字列の配置形式です。版面内の指定行長を満たさずに強制改行されている複数の行を，どこを基準にして並べていくのかの決め事をいいます。行の基準点を版面のどこに置くかによって，行の開始位置が決まり，行揃えの形式が定まります。

和文での行揃えは，見出し項目が強制改行で複数行に渡るとき，あるいは，見出し項目と本文のあいだで内容の要約や前口上の文章が指定行長に満たない複数の文字列で挟まるときに，行なわれます。行揃えの方法は「行頭揃え」「行末揃え」「中央揃え」「両端揃え」「字取り組み」という五種類です。

行頭揃えは，基準点を行頭に置いて――縦組みでは頭揃え，横組みでは左寄せで――各行を揃え，指定行長に満たなければ行末側を空けたままにしておく揃え方です。結果として行頭は揃って行末サイドが不揃いとなります。欧文では「左寄せ右不揃い組み（flush-left ragged-right）」と呼び，本文における行の並びにも適用されます。

行末揃えは，基準点を行末に置き――縦組みでは尻揃え，横組みでは右寄せで――各行を揃え，指定行長に満たなければ行頭側を空ける揃え方です。結果は行末が均一に揃って行頭サイドは不揃いとなります。

中央揃えは，基準点を行頭と行末の中央地点――縦組みでは天地の中央，横組みでは左右の中央――に置き，指定行長に満たない各行の真ん中を一致させる揃え方です。一つの行でみれば行頭側と行末側のスペースは均等ですが，全体としては両端とも不揃いとなります。

両端揃えは，基準点を行頭に置き，字間のアキ量はその行内で均等にして，指定行長の行頭側と行末側をともに揃える方法です。強制改行された複数行だけでなく，自然改行で連続している文章も対象とする点に要注意です。和文本文の文字組みは，字間ベタでの両端揃えが標準であって，最終行が指定行長に達していないのであれば，その行末側はアキのままです。字間ベタの両端揃えで，最終行が指定行長に達していて行末すべてが揃っていれば，とくに「箱組み」と呼んだりします。

字取り組みは，文字数が異なる文字列を一定の組み幅に揃えて組み付ける方法です。文章全体ではなく個別の文字列が対象で，行頭と行末を揃えるために字間のアキ量は文字列ごとに異なります。

　たとえば，句集で天地の行端を揃えたい場合です。俳句は基本17音ですが，漢字が混在するので句ごとの文字数は定まりません。字余りの句もあります。そのためにアキ量を含んで「19字取り」「21字取り」といった組み幅の字取り組みが用いられます。

　参考までに，欧文では「両端揃え」とほぼ同様の処置を**ジャスティフィケーション**（justification）と称します。和文の両端揃えは「文字」単位でしたが，ジャスティフィケーションは「単語」を対象に，指定行長のなかにきっちりと（just）収めるものです。行単位で語間のアキ量を調整し，すべての行の右端と左端を揃えます。

　ジャスティフィケーションは，行ごとに語間スペースが変動するため，アキ量の広すぎる行が続くと，横組みの本文のなかを縦方向に走る帯状の余白が生じます。これをリバー（river，「川」の意）と呼び，欧文では不体裁な現象です。リバーを回避するには，行末でのハイフネーション処理を導入するのが効果的です。ただし，ハイフンの行末使用は通則で二行までとされ，三行以上の連続は好ましくないとみなされています。さもなければ，ジャスティフィケーションじたいを止め，左寄せ右不揃い組み（行頭揃え）に改めて，行末での不揃いを許容するかです。

　ところで——欧文の単語内の文字に対して詰め組み処理を施す，「カーニング」と「トラッキング」という手法があります。

　カーニング（kerning）は，隣接する文字のかたちに応じて字間を詰める処理です。和文での「食い込み詰め」に相当します。たとえば「A」

と「W」，あるいは「L」と「Y」のような，字面の形状にしたがった二文字のペアを対象に，ある文字の字面に対し隣接する文字の字面を食い込ませる手法で，双方の文字のあいだが離れているように見える錯視現象を補正するのです。カーン（kern）は飾りひげの意味で，小文字の「ｆ」や「ｊ」のように，左右に突き出た箇所を指し，カーニングは飾りひげ部分が隣りの文字に近接するよう調整するというのが原義です。

　カーニングの対象ペアは，大文字同士，小文字同士，大文字と小文字の組み合わせ，大文字と約物のペア，小文字と約物のペアを合わせて五百組以上といわれています。とくに頻出する組み合わせについては，あらかじめ両者を字寄せして単一の活字とした合字（ごうじ，ligature）がつくられています。

　トラッキング（tracking）は，単語内の字間が均等になるように，字面に合わせて詰める処理です。和文での「字面詰め」に相当します。単語の字並びが詰まりすぎたり広すぎたりして見える錯視現象を補正するために，字面の異なる各文字のあいだを調整します。二文字のペアを対象とするカーニングだけでは，単語全体のバランスまでは保証されません。単語内の字並びの総体が視覚的に均等になるように調整するのがトラッキングです。トラック（track）とは鉄道用語で車輪と車輪のあいだの距離を指すのですが，トラッキングは微妙な調整の必要な車輪の間隔のように，文字の並びを補正するという意味に転用されています。

　以上まとめると，カーニングは隣接する二文字間の調整，トラッキングは単語内における字間スペースの調整で，いずれも文字と文字のあいだの処理であるのに対し，ジャスティフィケーションのほうは一つの行内での，単語と単語のあいだである語間スペースの調整処理です。■

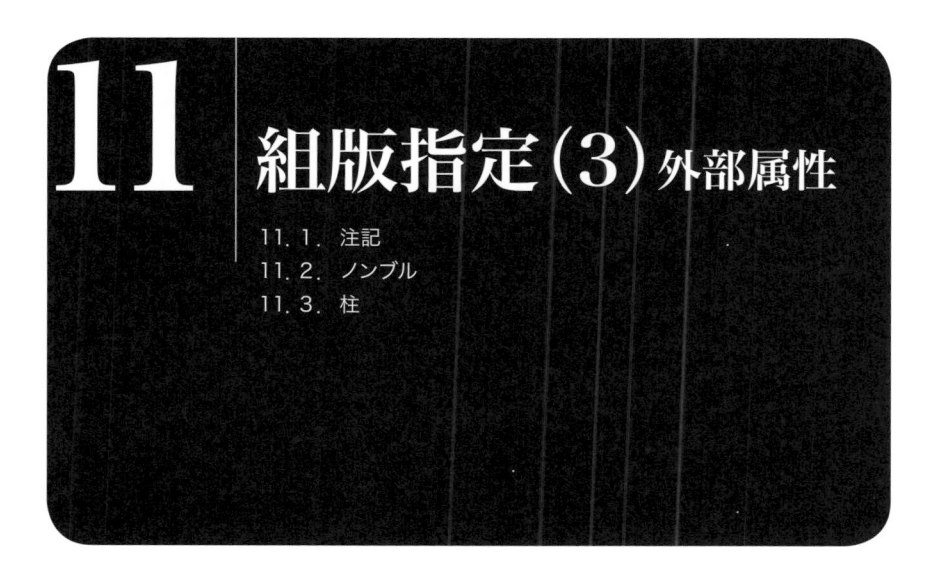

11 組版指定（3）外部属性

11. 1. 注記
11. 2. ノンブル
11. 3. 柱

11.1. 注記

版面に関し，先の第9章では版面の配置と版面形成のために必要な要素を明かし，続く第10章では版面の内部に含まれる属性について述べてきました。以上を踏まえつつ，この第11章では版面の外側にある属性として「注記」「ノンブル」「柱」の存在を確認します。

注記は，本文中の特定の語句や文章を取り上げて，それに補足説明や備考解説を施す言葉や文章です。「（必要な箇所に）言葉を書き足す」が原義。単に「注」ともいい，異体字の「註」も使います。「注釈」や「注解」も，ほぼ同義です。本文には入りきらなかった説明や解説を注記として処理することで，読者をより深い理解へと導きます。

注記の文字組みは本文と同様で，本文が縦組みであれば縦方向に，横組みでは横方向に組まれます。文字サイズは本文よりも小さい文字で行間も狭くして組み，ページ面にコントラストを演出して注記であることを強調します。設置場所によって呼称が変わり，「挿入注」「割注」「頭注」「脚注」「傍注」「後注」といった種類があります。

挿入注・割注は，本文の該当箇所の直後に，カッコで注釈文を挟み本文に割り込ませる形式です。とくに割注（わりちゅう）は，注釈文の文字サイズを小さくし，行間を狭めて二行に割って文字組みしたうえ，カッコでくくって行内に挿入する形式を指します。

頭注・脚注・傍注は，本文の該当箇所の，そのページの上部や下部あるいは右辺や左辺といった余白に注釈文を置く形式です。これらの注記では，同一ページ内にあっても該当箇所と注釈文とが離れてしまうので，両者を結びつけるために呼び出し符号（「注記号」「注番号」ともいう）の付与が必要です。呼び出し符号はアステリスクや数字を単独で，または丸カッコと数字を組み合わせて与えます。丸カッコは「始めカッコ」と「終わりカッコ」で挟む場合と，「終わりカッコ」のみを使うケースがあり，アステリスクは注記の数が最大三つまでのときに用います。

設置場所ですが，頭注は縦組みでは版面の上部，横組みでは左辺の余白に注釈文が置かれます。脚注は，縦組みでは版面の下部，和文の横組みでは右辺の余白に注釈文が置かれます。頭注と脚注を設定するには，注釈文の存在を勘案して指定行長を短く設定しなければなりません。

傍注は，縦組みでは該当箇所の見開き末尾（奇数ページの前小口側）に注釈文が置かれます。和文の横組みでは，左右のページの下部に注釈文を置くのが傍注ですが，欧文ではこれをフットノート（foot note）と

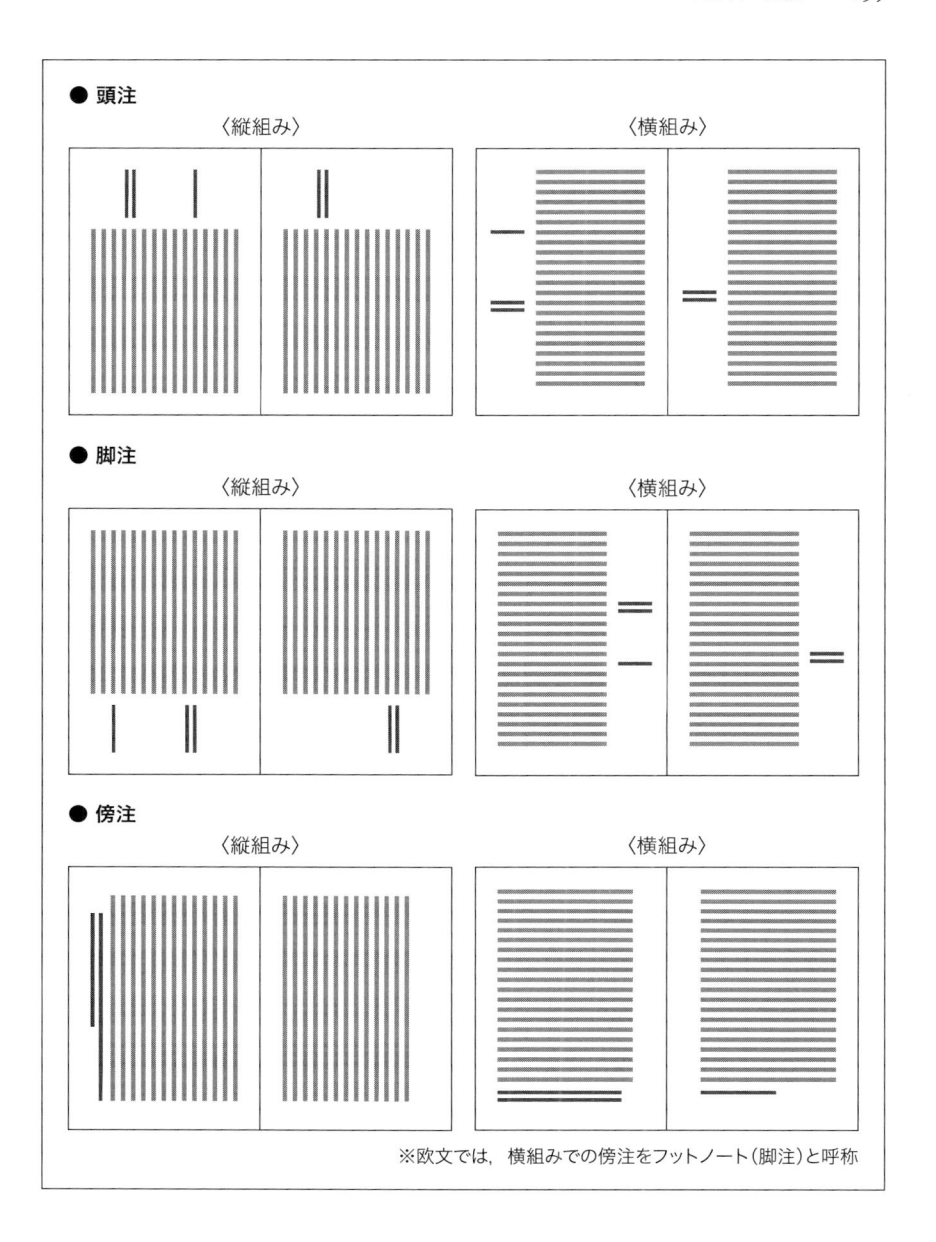

● 頭注

〈縦組み〉　　　　　　　　〈横組み〉

● 脚注

〈縦組み〉　　　　　　　　〈横組み〉

● 傍注

〈縦組み〉　　　　　　　　〈横組み〉

※欧文では，横組みでの傍注をフットノート（脚注）と呼称

と呼び，直訳では「脚注」となります。傍注と本文とのあいだには，罫線が指定行長の四分の一ほどで入ることがあります。

　最後に**後注**ですが，本文の該当箇所からは大きく離れて，章や節の末尾に，あるいは巻末という区切りの箇所に，注釈文をまとめて置く形式です。巻末に置かれた後注は，とくに「巻末注記」と呼ばれます。やはり呼び出し符号を付与し，該当箇所と注釈文を一対一で対応させます。

11.2. ノンブル

ノンブルは，ページ番号のことです。各ページに順番に割り振られた番号で，フランス語で「数字」を意味する「nombre」に由来します。

　ノンブルはページ全体を通して天／地／前小口の余白のいずれかに置かれ，見開きページで左右対称をなす位置に配されます。サイズは本文文字よりも小さく指定します。本文でのノンブルの書体と，目次や索引などで使われるノンブルの書体は，同一のものでなければなりません。

　原則としては全ページに付けますが，標題紙・小題紙・口絵・中扉・奥付・白ページなどは，ページ数に算入されてはいるものの，「隠しノンブル」として扱ってノンブルじたいをページ上には表示しません。

　ノンブルは通常，標題紙を「1」として起番するので（奇数起こし），奇数ページが「主」，偶数ページは「従」です。ゆえに，右開き（本文は縦組み）では左ページが「主」ですが，左開き（本文は横組み）ならば右ページが「主」となります。奇数起こしの対義が，見開きページで新しい記事が始まる「見開き起こし」で，主に雑誌で用いられます。

ノンブルの付け方には，二通りの手法があります。一つは，標題紙のオモテ面から数え起こし，前付から本文を経て後付に至るまでを一貫して連番とする「通しノンブル」です。もう一つは，前付・本文・後付の数種を変えて別々に数える「別ノンブル」です。

　別ノンブルのケースでは，たとえば，前付にローマ数字が使われ，本文では洋数字で番号付けされます。後付のノンブルについても，本文が縦組みの場合で索引ページを横組みにしようとすると，巻末のほうから逆向きでページを進行させなければなりません。そこで漢数字などの異なる数種を使って逆順に番号付けを施して別ノンブルとします。

　前付に別ノンブルを採択する理由は，本文のページ数をいち早く確定させたいという，編集上の作業工程に起因します。というのも，大半の分量を占める本文のページ数が早期に定まらなければ，目次を作成することもできないし，束（つか）を掌握できずに背幅の寸法も決められないからです。そこで，本文の原稿は先行して印刷所などに入稿して組版処理にかけ，洋数字で「1」から数え起こし，最終ページまでノンブルを通して，ページ数を決定してしまいます。その後に遅れて入稿する前付の原稿は，本文で使用済みの洋数字ではなく，ローマ数字のような別の数種を使って新たに起番することになるのです。

　通しノンブルは一冊の書籍内部だけでなく，物理的に分冊されている連続ものにも施されて「追い丁」の名で呼びます。たとえば，上下巻の多冊ものや全集などのセットものが追い丁となり，前巻の最終ノンブルに続く数字から次の巻のノンブルが開始され，分冊をまたいでノンブルが連続します。雑誌では巻号次において，巻の単位全体が追い丁となり，その期間に出る号のノンブルは一貫した続き番号となります。

11.3. 柱

柱（はしら）は，ページの余白に置かれた見出し項目です。正式には「見出し柱」ですが，単に「柱」と呼ばれることが多く，天／地／前小口の余白に書名を始め章・節・項の名称が配されます。

柱はノンブルと組み合わせて並べる場合と，柱とノンブルは別々の箇所に置かれる場合がありますが，ノンブルと同様に，見開き状態で左右対称をなす位置でなければなりません。

柱の役割は，読者が読みたいページを見つけやすいように，あるいは読んでいるページの章立てを確認できるようにとの配慮です。書籍だけでなく雑誌にも付けられており，コピーしたときにどのページから採ったものなのかを判読できるという利点もあります。

柱の掲げ方には，奇数ページ・偶数ページの双方に入れる「両柱方式」と，奇数ページのみに置く「片柱方式」があります。両柱方式のときは，偶数ページに比重の大きい見出し項目（たとえば，書名や章の名称），奇数ページにはそれよりも比重の小さい見出し項目（たとえば，節や項の名称）を入れます。当該ページの内容により近い見出し項目を，「主」の位置付けにある奇数ページに置くというのが，原則です。

なお，標題紙・小題紙・口絵・中扉・奥付・白ページなど，隠しノンブルとなっているページでは，柱の配置もまた省略されます。■

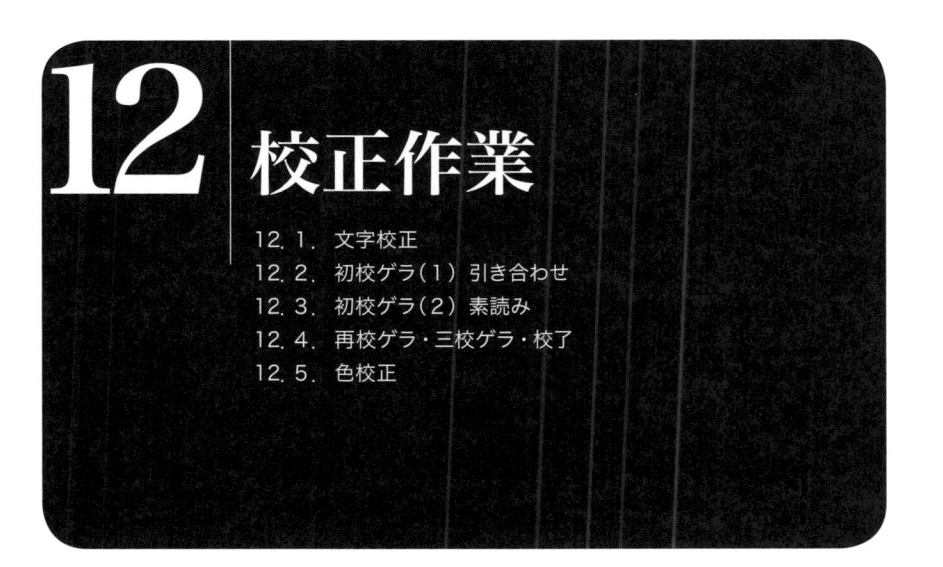

12 校正作業

12. 1.　文字校正
12. 2.　初校ゲラ(1) 引き合わせ
12. 3.　初校ゲラ(2) 素読み
12. 4.　再校ゲラ・三校ゲラ・校了
12. 5.　色校正

12. 1. 文字校正

校正は，元原稿（あるいは一つ前の校正紙）と，最新の校正紙との双方を照らし合わせて，字句や表記に誤りがないか，カラー印刷がイメージどおりかを点検する作業です。大半が「文字校正」を指します。

　文字校正は，校正紙の誤字や脱字・衍字を拾い，用字用語のルールに基づいた姿に統一し，固有名詞や歴史上の出来事，数字データの裏付けなどをファクト=チェックにかけます。組版指定どおりに文字組みや割り付けがなされているかも確認します。目次や奥付といった付き物も対象です。ちなみに，脱字は語句のなかから抜け落ちた文字，衍字（えんじ）は語句のなかに紛れ込んだ不要の文字の意です。

校正の「校」の文字は「較（くら）べる」の意なので，原義は「（二つのテキストを）較べて（誤植を）正す」です。また，**校閲**という語があります。「閲」は訓読みで「閲（けみ）する」で，「調べる」の意をもつところから，「（二つのテキストを）較べて（正誤を）調べる」が原義です。そこから「校閲」は，監修者が古典籍の異版を比較のうえ，誤りや不備を調べて加筆訂正し，読者に理解しやすいかたちで提供するとの意となり，いわば「校訂」という語と同義なのです。本書は，この「校閲」を「校正」の語と同列に扱うこととします。

　注意すべきは，校正（あるいは校閲）という作業は文章のリライトではなく，元のテキストの字句が再現されているかの確認だという点です。そのために「比較」という行為が前提にあります。著者のしるした文字がそのまま活字データに置き換えられているか否かを見定めるのが校正であって，独断で文章を練り直す権限は「校正者」にありません。

　校正の仕事を担うのが**校正者**です。大手の出版社には校正専門の部署があり自前の社員を置いて内製していますが，正規で常勤の専任を抱えていなくとも予算さえ確保されていれば，校正専門の事業者や個人の校正者に外注することができます。外部の校正者に対し，編集者は綿密な打合せを重ねます。用字用語のルールを説明し，ゲラの受け渡し方法を伝え，納期を確認して，作業対価を取り決めるのです。ただ，多くの出版社では担当の編集者が校正者の役割を兼務するかたちとなっているかもしれません。その場合，編集者は頭を切り替えて，あくまでも「校正者」としてゲラと対峙する必要があります。

　校正用の試し刷り紙（校正紙）を，**ゲラ**（galley proof）と呼びます。そもそもゲラとは，活版印刷の時代に組み終わった活字の版を置いてお

く，底の浅い木製の盆のことでした。「ゲラ函」ともいい，最終工程まで組版を入れて保管します。さらにさかのぼれば，古代から中世にかけて地中海で展開していた，多数のオールをもつ木造の大型船，すなわち，ガレー船（galley）に由来するのです。ガレー船の甲板にたくさんの漕ぎ手が整然と居並ぶ姿から連想して，盆状の木函のなかに金属活字が整列している状態を，英語で「galley」と呼んだのでした。ここから，組み上げられた版からの試し刷りのことも意味するようになったのです。この言葉が，日本に入ってきて「ゲラ」の語に転訛しました。

12.2. 初校ゲラ（1）引き合わせ

組版指定が施された生原稿（またはデジタル原稿）と図版類は，レイアウト指定紙とともに，出版社から印刷所やデザイン事務所などの組版担当に渡ります。原稿類を出す出版社サイドは「出稿」ですが，受け取る側にとっては「入稿」です。入稿／出稿の語は立場によって意味が変わります。印刷所などに渡ると，組版指定にしたがって文字が組まれ図版類が割り付けられ，ページ体裁が整えられます。その結果は，最初の校正紙（**初校ゲラ**）として出版社へと出稿されるのです。

　初校ゲラが刷り出されると，校正作業の開始です。校正者はまず，原稿と初校ゲラとの**引き合わせ**（初校時では「原稿引き合わせ」）を行ないます。準備として，机上の胸先近くに原稿と初校ゲラを並べてセットします。これから朱入れする初校ゲラを利き腕サイドに（右利きならば右側），その対抗側（右利きなら左サイド）には元原稿を置きます。

引き合わせの作業は，利き腕に赤ペンか赤鉛筆を挟みながら手指で初校ゲラの一字を押さえ，反対の腕の指先で元原稿の該当する一字を差し示しつつ，一文字一文字を順番に照合していくのです。初校ゲラを見て，次いで元原稿に目を移し，合致していれば両の手指をずらして次の一文字というように，双方のあいだを振り子のように行ったり来たりする視線の動きを最終ページまで繰り返しながら，その過程で誤植を拾うたびに校正の指示を赤字で書き入れます。単調でありながら，どこまでも目が離せない，根気のいる作業です。

　編集者が校正者を兼ねるケースで，先に初校ゲラ，次いで元原稿という順で見るのには理由があります。元原稿にまず目を留めてしまうと，原稿整理の段階で元原稿に慣れ親しんでいるせいで，文章の意味を先走って「読んで」しまうからです。先入見のない初校ゲラを先に見て，その文字の図柄を元原稿で確認するというのが，妥当な手順です。あくまでも文字を「文字そのもの」として見るのであって，文字の連接を単語として捉えるのでもなく，意味を汲み取るものでもありません。

　朱入れの方法は，正すべき箇所に斜線を入れ，そこを起点に右斜め上に引き出し線を短く伸ばして，正規の文字を楷書で記入します。赤字は読み終わったほうへ線を引っ張って補筆するのが原則です。日本産業規格にはJIS Z 8208「印刷校正記号」（1965年制定，2007年改正）があり，誤植の修正以外にも，文字の入れ替えや削除・挿入，それに修正の取り消しや書体の変更など，校正作業でのさまざまな指示を伝えるために**校正記号**が制定されています。

　ただ大切なのは，校正記号に杓子定規に頼ることなく，実際に訂正作業を行なう現場の作業者に向けて，指示内容を適切な言葉で補い，わか

りやすく伝達することに他なりません。ときには引き出し線を行間に沿って版面の外まで長く伸ばし，本文の文字と重ならないよう，ページの余白箇所に朱入れしたりします。

　同一文字に関する同じ間違いが複数個所で続く場合，いちいち同じ赤字を入れるのではなく，その文字に〇や△といった共通の印を付け，その印文字をどう訂正したいのか示したうえ，「以下同」で同様に訂正する旨の指示を余白箇所に書き入れます。また，赤字の無いページが連なるなかにポツンと訂正があれば，見落とされる可能性が高いので，その赤字部分を青色のペンか鉛筆で大きく丸囲みして注意喚起します。

　この引き合わせの作業を，出版社側の二人が一組となって行なう場面もあります。一人が原稿をゆっくりと音読し，他方はその声を聴きながら校正紙の文字を追いかけて，誤植などをチェックする方法です。これを，とくに「読み合わせ」と呼んでいます。単独では集中力が途切れがちな引き合わせを二人体制で補おうという試みですが，どちらかといえば雑誌記事での校正作業で多用される手法です。

12.3. 初校ゲラ（2）素読み

引き合わせと並ぶ，文字校正のもう一つの工程が「素読み」です。**素読み**（すよみ）は，引き合わせの済んだ校正紙を前に，校正者が元原稿を参照せずに内容を読み込んで，文意が通じるかを調べる作業です。

　素読みには，黒色の鉛筆が必要です。表現や中身に違和感を抱いた場合，校正者は著者に向けて疑問を投げかけるかのように，「こういう表

現ではないですか？」「もしかして事実誤認がありませんか？」との選択肢を校正紙の余白に鉛筆書きで提示するのです。鉛筆書きにして消しゴムで消せるようにするのは，指摘を採択しないという選択肢が著者にあるからです。決定するのはあくまでも著者です。

　引き合わせが文字をいわば図柄として視覚的に捕捉し，元原稿と校正紙とのあいだに外形上の差異が無いかを一文字ずつ確認する作業だったのに対し，素読みのほうは文章に内在する「隠れた誤り」に目を配ります。人名の英字綴りや生没年が違っていたり，歴史上の事件が起きた年号が誤っていたり，一覧表のなかで数字の合計や百分率が合わなかったり，といったファクト＝チェックに踏み込むのです。ワープロ＝ソフトによる同音異義語の誤変換や，引用文の原典からの引き写しミスといった誤謬もあります。フィクションであれば，描写されている実在の店舗や展示商品のリアリティも確かめなければなりません。論旨の矛盾など，内容を深く読み込むことで浮かび上がってくる課題も同様です。

　多くの言葉にふれてきた校正者としての経験値を踏まえて「何かがおかしい」「どこか引っかかる」といった箇所を感覚的に探り出す見識もまた問われます。言葉の選択や説明の在り方から，論説全体の構成や物語の組み立て方に至るまで，さまざまなレベルで立ち止まって，言葉に対する鋭利な直感を駆使しつつ，文の内なる「ひずみ」や「ねじれ」を感知するのが素読みの役目です。

　引き合わせでの朱入れを終え，素読みでの疑問出しも仕納めた初校ゲラは，元原稿とともに著者に送って校正を依頼します（**著者校正**）。著者に最終的な是認を求めるのです。ですから初校ゲラは，著者校正用の控ゲラと，校正者が手元に置く本ゲラとの，正副２通が必要です。

著者校正が戻りしだい，著者の赤字部分を本ゲラに転記します。鉛筆書きの疑問箇所も解消させて，改めて訂正の指示を追加します。ノンブルが転移していないか，柱の配置は適切かを確かめ，校正紙の表紙に「要再校」と書き加えて，印刷会社などの組版担当に戻すのです。

　かりにですが，当初の入稿テキストが推敲を重ねた完成原稿ではなく，ほとんど下書きのような状態だった場合，この著者校正の戻りの段階で初校ゲラに大量の書き込みがなされることがあります。そうだとすれば，ページが動きノンブルがズレる可能性は高く，書きなぐってあれば悪筆や達筆の判読に難儀する破目となり，現場を担うオペレーターの時間を潰してしまって進捗管理にも影響します。こうした事態を招かないよう，編集者は原稿整理の時点での対応を決して怠ってはならないのです。

　また，著者の手になるまえがき・あとがきが後送となっていれば，著者校正の戻りとともに入手できている段取りが望まれます。編集者サイドでも共紙扉・目次・索引・奥付といった原稿を用意します。目次や索引に含まれる見出し項目やノンブルは，本文と密接な関連があるので，校正作業がある程度進んでからでないと作成できないのです。こうした付き物の原稿がまとまれば，「要再校」としるした本文の校正紙とともに，印刷会社などの組版担当へと出稿します。

12.4. 再校ゲラ・三校ゲラ・校了

印刷会社などの組版担当は指示された朱書きにしたがって修正をし，付き物の原稿は新組みをして，再度の校正紙（**再校ゲラ**）を出力します。

編集者は，朱入れ箇所が適切に修正されたかどうか，初校ゲラと再校ゲラとを並べてチェックする引き合わせ（再校以降は「赤字引き合わせ」）を行ないます。修正済みならば赤字箇所に青色のレ点（check mark）を入れて消していくと，直し漏れが防げます。この赤字消し用に，赤色と青色が一本になった「赤青鉛筆」があり，出版社の常備品でした。

　再度の素読みも敢行します。この時点では，付き物も組み入れてページの全体が校正紙として揃っているのが理想であって，改めて標題紙から奥付までを通して確認します。修正の文言の追加で行頭や行末の禁則に新たに抵触していないか，ページが移動してウィドウやオーファンの状態が生まれていないか，英数字の書体は指定どおりか，なども突き詰めます。見落としやすいのは，目次と見出し項目の字句は同じか，柱の文言が途中で変わっていないか，索引の見出し語と本文中のキーワードとはノンブルが合致しているか，といった点です。もしも訂正があれば朱書きで追加し「要三校」と書き込んで戻します。

　印刷会社などの組版担当は，赤字箇所を修正のうえ三度目の校正紙（**三校ゲラ**）を出力します。出版社サイドは再校ゲラと三校ゲラとの引き合わせを実施し，みたびの素読みにかかります。担当編集者は何度もゲラに接して読み慣れているので，どうしても文章の意味を「読んで」しまって文字そのものを見落としたり飛ばしたりしがちです。ゆえに，まだ一度も原稿にふれていない社内の第三者に，三校ゲラの素読みを依頼するというのも良策かもしれません。

　全体を俯瞰し，細部も念入りにチューイングして，修正箇所が皆無と判断すれば，校正作業の完了を意味する「校了」の文字を書き付けて三校ゲラを戻すのです。**校了**は校正作業の完全な終決を告げる言葉です。

もしも三校ゲラに修正箇所があった場合には，最終確認のために**念校ゲラ**を出力してもらい，校了にもち込みます。念校ゲラを全ページ分は出さずに，修正の入った箇所だけ校正紙を出力するのを「抜き念校」，略して「抜き念」と呼びます。三校ゲラに修正箇所があっても，念校ゲラは出さずに印刷会社などの責任でもって最終確認をする場合には（「校了」の代わりに）「責了」の文字を書き入れて戻します。**責了**は「責任校了」の略で，校了を印刷会社などの組版担当に一任するの意です。

　校正紙の出力は，初校ゲラ・再校ゲラ・三校ゲラと通常は三回行ないます。ただし，三校ゲラのことを念校ゲラと呼ぶケースもあり，印刷会社など組版担当によって校正作業の流れには若干の異同があります。

　ちなみに雑誌の校了は，書籍とは事情が異なります。雑誌は発売日があらかじめ決まっているので，そこから逆算して校了の日時が毎号で厳密に設定されます。校了の当日には校正紙の出る印刷所に部屋を取ってもらい，編集長以下，編集チームの全員がそこへ出向き（出張校正），締め切り時刻までの校了に向けて尽力しなければなりません。

12.5. 色校正

書籍では，カバー＝ジャケット・帯紙・表紙・別丁扉の標題紙に関し，実際に印刷するのと同じ用紙を使って「色校正」をとります。**色校正**は，カラー印刷において，インクの色味や盛り具合，アイ・アカ・キ・スミ（CMYK）各版の位置合わせなどを確かめる作業です。または確認のための試し刷り紙（校正紙）のことも指します。

色校正用の校正紙を前に，発色や階調がしかと再現されているか，写真や絵画のカラー＝バランスが適切か，「版ズレ」や「モアレ」が出ていないかなどをチェックします。もしも画像に「ピンホール」があれば，○印で囲んで「ピンホールあり」「ヨゴレとる」などと指示します。

　ちなみに，**版ズレ**とは，CMYKそれぞれの色版の位置合わせがズレたがために，文字の輪郭がぼやけたり図形の隙間から下地の紙の色が見えていたりする現象です。**モアレ**（moire −仏語−）は，均等間隔で規則的に分布した網点が重なり合ったときに，互いに干渉し合うことで，モワモワした幾何学的な斑紋が見えてしまう現象をいいます。また，**ピンホール**（pinhole）は針で突いたような小さな白い点です。印刷機に紙粉や埃が付着したまま印刷され，インクが乗らなかった部分が白抜けしたりして発生します。

　色校正は，昼間の自然光のもとでの作業がもっとも望ましく，編集者とともにブック＝デザイナーが同席することもあります。校正紙を前にして，画像調整して欲しい箇所には赤字で印刷所の担当者に向けた指示を記入するのですが，たとえば「縁取りさらにシャープに」「全体にベタの質感を軽く」「この部分M若干強めで」といった言い回しで，感覚的な訴えがなされます。

　色校正には，本番で使用する印刷機を実際に動かして校正紙を刷り出す場合（本機校正）と，色校正専用の印刷機で刷り出す場合（平台校正）とがあります。本機校正は写真集や絵画集といった精度の高さが求められる作品に適用されますが，コストも時間もかかります。後者の平台校正は，印刷速度や印刷時に用紙にかかる圧力などの条件は異なるものの，色味の確認には充分であって，おおむね初校ゲラで責了とします。■

13 印刷の工程

13.1. 印刷前工程（1）面付け
13.2. 印刷前工程（2）トンボ・背標・背丁
13.3. 印刷前工程（3）刷版の作製
13.4. 印刷（1）印刷の方式
13.5. 印刷（2）枚葉機と刷本

13.1. 印刷前工程（1）面付け

DTPソフトで組まれた組版データは，校正作業で校了となった後に，PDF形式のファイルに保存されて印刷所へと受け渡しされます（PDF入稿）。肉筆原稿やワープロ=ソフトのデータ，あるいは，画像データとともに組版済みのDTPソフトのデータが印刷所にもたらされるケースもありますが，こんにちでは組版済みで画像も埋め込まれたPDF入稿が主流となっています。

　印刷所が校了のPDFファイルを受理してから，実際に印刷機にかけるための「刷版」を作製するまでの作業を，印刷前工程（prepress）と呼びます。**刷版**（さっぱん，plate）とは，平版オフセット印刷におい

て，紙などの被印刷基材にインクを転写させるために，印刷機に直接取り付けて使用する，薄手のアルミ板です。

　もとより書籍の「本体」となるページ全体は，ページ大の用紙に一枚ずつ印刷してから，束ねていくのではありません。そうではなく，ごく大判の紙葉の表裏二面に，原寸のページ面をいちどきに並べてから，印刷機にかけるのです。元になる大きな紙葉，すなわち「原紙」に対して，複数のページ面を配置する作業が，**面付け**です。「紙取り」ともいいますが，製本されたときに天地の向きが同じで，しかもノンブルが順番通りで続くように配置するのです。

　面付け済みの原紙相当のデータから，アルミ板の刷版をつくって印刷機にかけます。刷り上がった大判の紙葉を折りたたみ，ページ全体を構成している一単位としての小冊子，すなわち「折丁」とします。この折丁を複数冊で綴じ合わせて，仕上がりサイズの大きさに断裁することによって，書籍の中身であるページ全体が形づくられます。

　たとえば，書籍本文がA4判／B4判であれば，原紙であるA列／B列本判からは，オモテ側に8面，ウラ側に8面という，計16ページ分を面付けできます。A5判／B5判ならば，オモテ側に16面で，ウラ側に16面の，計32ページ分の面付けが可能です。面付けソフトがあるので，ディスプレイ上でページ単位のPDFファイルを縮小し，原紙相当のスペースに割り当てて，実際の面付けデータをつくるのです。

　上製本での表装材と芯材，並製本での紙表紙，それにカバー＝ジャケット・帯紙・スリップについても，裁ち寸法や紙取り数を決めて別工程で面付けを進行させます。いかに無駄を省いた面付けを実施し，いかに少ない用紙枚数で印刷するかが，経費節減につながります。

13.2. 印刷前工程（2）トンボ・背標・背丁

複数のページ面が面付けされた刷版用データには，他の情報も追加されています。「トンボ」「背標」「背丁」です。

トンボは，見当合わせのための目印として使用するマークです。見当合わせとは，各作業工程上で必要となる，本来の正しい位置を確認するための調整をいいます。印刷工程では，カラー印刷での各色版の刷り合わせや両面印刷でのオモテ面とウラ面の重なりといった位置合わせの必要があり，製本工程では裁ち落としたり折り込んだりするための位置を指定する指標が必要です。これらの目的によって，トンボには「センタートンボ」「折りトンボ」「角（かど）トンボ」の別があります。

センタートンボ（十字トンボ）は，刷版用データの天地・左右の中央位置を示す，十字型のマークです。この十字の形が，昆虫の蜻蛉に似ていることから「トンボ」の名称が生まれました。印刷工程での見当合わせに使われます。

折りトンボは，製本加工で折りが必要な位置に，目印として入れる短い一本の罫線です。刷版用データの上下・左右の箇所に付きます。

角トンボは，刷版用データの四隅に付く，ローマ字大文字のL字型のマークで，二重になっています。重なり合うL字型の，内側同士をつなぐのが「内トンボ」で，外側のラインは「外トンボ」です。

内トンボが示すのは，印刷後に裁ち切る位置です。四隅の内トンボ同士を結ぶと仕上がり裁ち線となり，完成時のサイズとなります。ただし，用紙の伸縮や刃先の流れのせいで，刷版用データの端に意図しないズレ

が生じるかもしれません。こうした断裁時のズレを回避するために，仕上がり裁ち線より一回り大きい外周まで，あらかじめ絵柄や背景色を延長しておく「塗り足し」を行ないます。この塗り足し領域の外周を示すのが，**外トンボ**です。内トンボ（仕上がり裁ち線）と外トンボ（塗り足しの外周線）のあいだを「ドブ」と呼び，約3mm幅で設定されます。雨水や汚水が流れる小規模な暗渠との形状上の類似から命名。

　背標（せひょう）は，折り加工が済んだ折丁を並び順に重ねるとき，正しい順番に並んでいるかを人間が確認するための印です。折丁の背にある幅2mmほどの黒い方形で，折丁ごとに位置を少しずつ変えて表示してあります。折丁を順番に並べたときに，この背標が段階状にきれいに並べば，一瞥で正しい並び順だと認識できるのです。

　背丁（せちょう）は，両面印刷を終えたばかりの刷本の区別をつけるために，折丁の背の部分に表示される，書名と折り番号をいいます。印刷製本の現場では常に複数の出版物が生産稼働しています。これらの刷本の混同を避ける目的で，背丁が付けられるのです。

　なお，印刷機の給紙部から用紙を機内へと送り込むには，紙端をツメでくわえるように引いて紙を搬送しています。紙を内部へと引き込むときに機械がつまむ長辺の側を，**クワエ**（漢字では「咥え」で，印刷機を擬人化しての呼称。英語では「gripper end」）といいます。

　クワエ側には印刷機が用紙をつかみ取るのためのスペースを空けておかねばなりません。その余白をクワエ代（しろ）と呼び，印刷機によっても異なりますが，通常は10mmから15mmです。複数のページ面が面付けされた刷版用データには，このクワエ代も必要です。ちなみに，クワエと反対側の長辺はクワエ尻（じり）です。

13.3. 印刷前工程（3）刷版の作製

面付けがなされ，トンボ・背標・背丁の情報も追加された刷版用データから，刷版をつくります。写植の時代は，写植文字などの印画紙を貼り付けた版下台紙を製版カメラで撮影し，そのフィルムをアルミ板に乗せ，紫外線を照射して刷版をつくりました。PDF入稿が主流になると，刷版出力機にアルミ板を通し，面付け済みのデータをレーザー光で直接にアルミ板に焼き付けて刷版をつくります。これをCTP（シーティーピー，computer to plate）方式と呼びます。なお，CTPの語は刷版への焼き付け工程も飛び越えて，面付け済みのデータを直接に紙へと印刷するデジタル印刷（computer to press）を指す事例もあります。

カラー印刷は，CMYKと呼ぶ四色のインク別の刷版を重ね合わせて色を再現します。C（cyan）は藍色，M（magenta）は紅色，Y（yellow）は黄色，K（key plate）は墨色です。基本はCMYの三色の版ですが，そこにK版を加えることで細部の明暗を調整できるのです。カラー印刷の「カギとなる版」の意味で，K版の名があります。CMYKの四色を「プロセスカラー（process color）」と呼び，四色の掛け合わせだけでは色をうまく表現しきれない場合や，特殊な印刷効果を求める場合には，別段で調合された「特色（spot color）」のインクを用います。

写真やイラストのカラー原稿は，製版カメラやスキャナにかけて，CMYKごとに色成分を抽出します（色分解）。色分解の後はカラー原稿の「連続階調」を印刷物で再現するために，大小の網点を使った「網点階調」に変換させるスクリーニング（screening）処理を行ないます。

印刷での色の濃淡表現は，紙にインクのついている箇所とついていない白地との面積比率によって，疑似的に再現します。この疑似濃淡を生み出すのが，**網点**（あみてん）です。天地左右に均等間隔で並んだ大小のインクの点を，そう呼びます。網点が一律に小さければ白地の面積比率が高いので，淡い色として人の目には映り，網点が面積比率50％を超えて白地より大きくなれば，濃い色として目に入るのです。

　インクがまったく付着していない状態が濃度0％，濃度100％がベタとなり，一般に濃度指定は10％刻みでなされます。カラーチャートを利用すれば，たとえばM30％とY50％を掛け合わせて印刷すると，どんな色合いになるかを確認できます。DIC（ディーアイシー，旧称・大日本インキ化学工業）がつくる「DICカラーガイド」や，アメリカのパントン社（Pantone）が開発した色見本帳のシステムなどで，イメージする色の掛け合わせ比率を見出すことができます。

　印刷インクの組成は「色材」「ビヒクル」「助剤」に大別されます。顔料や染料を色材とし，油脂・樹脂・溶剤などから成るビヒクルに練り込んで細かく分散させ，粘度や光沢といった印刷効果を与えるための助剤が添加されているのです。ビヒクル（vehicle）とは「運搬手段」の意で，適度な流動性とともに，被印刷基材の面に運ばれた色材を硬化・乾燥させて固体皮膜とする役目をもちます。

　平版オフセット印刷の枚葉機で使われるインクは，油分（植物性）が含まれていることから，一般に「油性インク」と呼ばれており，その植物油が空気中の酸素を吸収することで固体皮膜となります。

　なお，カタカナ表記は「インク」と「インキ」の二事例があり，印刷の世界では「インキ」の表記が使われます。

13.4. 印刷（1）印刷の方式

ところで——印刷の方式には「凸版」「平版」「凹版」「孔版」と，もう一つ「無版」の別があります。版の盛り上がった箇所にインクをつける凸版，平らな版のうえで水と油の弾きあう性質を利用する平版，窪んだところにインクを詰める凹版，透けている部分からインクを押し出して印刷する孔版，それと版をつくらない無版のデジタル印刷です。

　また，印刷は圧力をかけてインクを被印刷基材に転写しますが，加圧方法で「平圧式」「円圧式」「輪転式」に分けられます。平圧式は版と圧力盤がともに平らなもの，円圧式は版が平らで圧力盤は湾曲して丸いもの，輪転式は版も圧力盤も丸い円筒状のものです。

　凸版印刷は，活字のように，凸状に突出している画線部にインクをつけて印刷する方式です。15世紀にグーテンベルクが創案した**活版印刷**の技術は，金属活字による凸版印刷であり，油性インクを使った平圧式の印刷機により始まったのでした。

　活版印刷の工程は次のとおり。まず，原稿に必要な活字を活字棚から一文字ずつ拾って（文選），文選函にいったん収めます。拾われた活字は一行ずつ組み上げてページ単位にまとめ（植字），糸で結束してゲラ函に収めます。校正作業を経て，面付けされて，活字原版となります。

　この活字原版をそのまま印刷機にかけるか（原版刷り），あるいは，活字原版からいったん「紙型」を取り，その紙型に溶融した鉛合金を流し込んで「鉛版」をつくって印刷機にかけました。活字原版の複製である紙型は，軽量ゆえに保管に適し，増刷に対応できます。ただし，誤植

訂正は紙型ではできないので，鉛版にしたうえで，訂正箇所を切り取って正しく組版したものをはめ込みます。なお，印刷の世界では「植字」を「ちょくじ」と呼び「食事」の発音と区別しました。

　活版印刷は日本でも明治期の本木昌造らによって普及し，1970年代までは印刷物の本流でした。しかしながら現在，一部では根強い需要は残るものの，産業としては役目を終えたと言えます。

　平版印刷は，印刷される部分の画線部と，印刷はされない非画線部が，ほぼ同一の平面上にある印刷方式です。インクを付着させたくない非画線部には，ごく微細な凹凸加工を施してあり，その部分には小さな水滴が表面に残るので油性のインクを弾くのです。一方の画線部は，親油性の感光層を形成しているのでインクを受け付けます。非画線部にインクが付着しないように刷版の表面を濡らす水を「湿し水（dampening water）」と呼びます。インクがつく前に蒸発してしまわないよう，湿し水には刷版の表面上で水分を保つ保水性が求められます。

　こんにちでは，平版印刷は**オフセット方式**の印刷機と組み合わせて用いられています（平版オフセット印刷）。凸版・凹版・孔版はいずれも版が紙に直接タッチする直刷り方式ですが，オフセット方式での版は一度ゴムでできたブランケット胴にインクを移し（off），そのインクが紙に再び転写されて（set），印刷が完成します。刷版は正像ですが，ブランケット胴に転写されたときには逆像となり，それが紙に再転写されると正像に戻るのです。

　平版オフセット印刷での加圧方法は輪転式なので，刷版は湾曲するアルミ板です。活版時代には，清刷（きよずり）と呼ぶ，アート紙などを使って活字原版から鮮明に印刷された印刷物を版下とし，そこから製版

カメラで撮影し，フィルムを介して刷版をつくりました。写植では，この版下を印画紙のかたちで出力して面付け台紙に貼り込んでつくりました。PDF入稿では，面付け済みのデータからCTP方式で刷版とします。

凹版印刷は，版の凹み部分にインクを付着させて印刷する方式です。深い穴にはインクが多く詰まるので濃い印刷表現となるように，凹部の深浅によって濃淡のグラデーションがダイナミックに表現できます。小さな文字には向かないのですが，写真などの再現力には優れています。**グラビア印刷**は，この凹版印刷の一種ですが，名称はフランス語で「彫る」を意味する「gravure」に由来。

孔版印刷の「孔」は，突き抜けた穴の意です。版の片側にインクを擦り付け，画線部の極微細な孔を通過したインクにより，印刷がなされるのです。高詳細な網目の上層の隙間から下層へとインクが浸透し，押し出されて紙に転写されるので，文字などは常に正像のままです。孔版印刷には，ロウ原紙に鉄筆で文字などを書き込む謄写版印刷と，非常に細かな網目のスクリーン（screen，紗膜）を張った枠を使い，画線部以外を樹脂などで硬化させてインクを乗せるスクリーン印刷があります。

無版印刷とは，刷版そのものをつくらずに，面付け済みデータをダイレクトに印刷機から出力する方法をいい，**デジタル印刷**の別称です。デジタル印刷には，電子写真方式とインクジェット方式の別があります。

電子写真（xerography）方式は，ゼロックス社が製品化した技術で，静電気を利用して色材のトナー（toner）を紙に移し取り，熱によって定着させます。トナーには，粉体の乾式と液状にした湿式の別があり，CMYKの四色が用意されています。トナーの語は，英語で「色調」を意味する「tone」に由来。レーザープリンターでの方式です。

後者のインクジェット（inkjet）方式は，ノズル（nozzle）と呼ばれる小さな穴から液状のインクを吹き出させて（これが「jet」の意）紙の上に点を描き，その点の集まりで画線を表現するものです。インクジェット方式は，印刷用紙に対して直接的な圧力を加えません。インク滴の吐出方法の違いにより，さらに種類が分かれています。

13.5. 印刷（2）枚葉機と刷本

さて──平版オフセット印刷機は，版も圧胴も円筒形となっている輪転式が一般的です。そのうえで，用紙の対応で二分され，シート状の枚葉紙に印刷する「枚葉紙対応で平版オフセット印刷の輪転式印刷機」と，ロール状の巻取紙を使う「巻取紙対応で平版オフセット印刷の輪転式印刷機」があります。印刷の世界では，前者を「枚葉機」，後者を「オフ輪」と呼ぶのが通例です。

枚葉機の構成は，紙を一枚ずつ印刷機に送り込む「給紙部」，紙の位置を制御する「見当部」，実際に印刷を行なう「印刷部」，印刷の終わった紙を積み上げる「排紙部」から成ります。

印刷が実施される印刷部は，刷版を取り付ける「版胴」，ゴム引きの布を巻いた「ブランケット胴」，ブランケット胴に圧力を加える「圧胴」，紙を次のユニットに送る「紙渡し胴」があり，さらに版胴には，湿し水を供給する「給水装置」，インク供給の「インク装置」が付随します。

基本的には，版胴・ブランケット胴・圧胴という三つの円筒がワンセットとなって1ユニットとなり，一つの色を印刷します。カラー印刷は

通常，CMYKという色版ごとの4ユニットに分かれていますが，印刷の進行は「K→C→M→Y」という濃度の濃い順です。墨色のK版のみで刷る場合，他のCMYのユニットではブランケット胴と圧胴とのあいだを開けるとともに，これらのインク装置の呼び出し機能を停止させます。その結果，これらのユニットではインクが乗らずに紙葉は通過していくだけとなります。K版のみの単色機や，CMYK四色に特色四色を加えて8ユニットの印刷ができる八色機などもあります。

　印刷の手順は，まずは用紙のセットです。製紙会社からの入荷方法には，「ワンプ」と呼ぶ梱包紙を使って250枚や500枚の単位で個別包装されている場合（バラ品）と，パレット上に紙を一定数積み上げて，まとめてワンプ包装されている場合（スキット品）があります。いずれも印刷機の給紙部に手積みするさいには，紙の束の両端をつかみ，内側に曲げながら中央部分をたわませ，紙と紙のあいだに空気を入れます。紙が帯びている静電気を取り除き，紙の詰まりや重送を防ぐのです。

　次に，刷版を印刷部の版胴に設置します。下部にある給水装置の「水舟（みずぶね）」と呼ぶ部分に湿し水が注入され，いくつかのローラーを経由して版胴に連続して給水されます。印刷部の上部にあるインク装置では，インクを溜めておく「インク壺」と呼ばれる溝の部分にインクを注入し，そこから複数のローラーを経て充分に練られたうえで，版胴にインクが転写されます。

　用紙，刷版，湿し水，インクの準備が完了したら，実際に印刷機を稼働させます。機械を少しずつ回し，見当合わせ，色合わせ，汚れのチェックなどを並行して様子をみながら「試し刷り」を開始し，印刷機の微調整を施して「本刷り」に入ります。

本刷りの最中も，印刷機はただ動かしっぱなしというわけではなく，500枚に一回程度の頻度で用紙を抜き取ってチェックし，状態を確かめながら進めていきます。前刷りと後刷りでは，版の傷み具合により品質の差が出るためです。こうして予定の印刷枚数を刷り終えて，実数分が印刷機の排紙部に積み上げられると，印刷は完了です（刷了）。

　枚葉機の**片面機**の場合，両面を印刷するには最初にオモテ面を印刷し，インクが乾燥してから刷本を表裏反転させてウラ面を上にし，改めて給紙部にセットします。オモテ面とウラ面を同時に印刷できる**両面機**もあり，大きく分けて三種類のタイプがあります。印刷機の途中で紙の天地を反転させる機構を持つ「反転型」，オモテ面とウラ面の印刷を交互に行なう「ダブルデッキ型」，ウラ面を最初に印刷して，その後にオモテ面を印刷する「タンデム型」です。

　刷了となった印刷物を，**刷本**（すりほん）と呼びます。原紙のサイズの紙に，複数のページが両面印刷されたばかりで，折り加工も断裁加工もしていない，製本前の状態を指すのです。版木で刷ったという意味の「摺り本」に由来するのですが，「刷紙（すりがみ）」ともいい，「刷本（さっぽん）」と発音することもあります。

　以上のようなページ全体の印刷と並行して，上製本での表装材，並製本での表紙，それにカバー＝ジャケット・帯紙・スリップなども印刷されていきます。これらの刷本は，次の製本加工の工程に進むのです。

　なお，出版社によっては内容が確定していない校了前の段階で「プルーフ本（この「proof」は試し刷りの意）」と呼ばれる宣材をつくる事例があります。タイトルとPR文，それに出版社の問い合わせ先が記された簡素な商品見本で，書店回りなどの営業活動に使われます。■

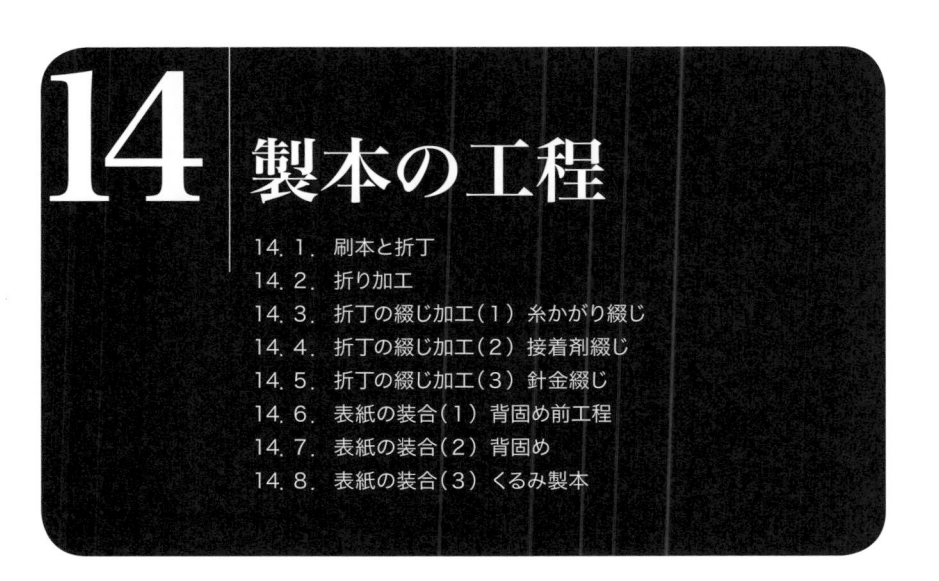

14 製本の工程

14.1. 刷本と折丁
14.2. 折り加工
14.3. 折丁の綴じ加工（1）糸かがり綴じ
14.4. 折丁の綴じ加工（2）接着剤綴じ
14.5. 折丁の綴じ加工（3）針金綴じ
14.6. 表紙の装合（1）背固め前工程
14.7. 表紙の装合（2）背固め
14.8. 表紙の装合（3）くるみ製本

14.1. 刷本と折丁

製本は，原紙の大きさの刷本を折りたたみ，順番に綴じ合わせ，表紙を付けて書籍のかたちにまとめあげる，本づくりの最終工程です。

　まず刷本をページ大に折りたたんで小冊子をつくります。その小冊子を何冊か重ねて綴じ合わせていき，一冊の書籍のページ全体とするのですが，この小冊子を，**折丁**（おりちょう）と呼びます。書籍を構成する一単位です。

　折丁には，折りの回数で4ページ，8ページ，16ページ，32ページ仕立てのものがあります。紙葉一枚つまり表裏2ページのものは，折りを加えていないので，とくに「ペラ丁」と呼びます。

複数ページ仕立ての折丁を何冊か束ねることで，ページ全体は成り立っているのです。折丁を数える助数詞は「台」や「折り」を用います。

　一般的な書籍では，刷本を三回折った16ページ仕立ての折丁が多用されます。この折丁を16台集めればページ全体は256ページです。

　　　　16ページ仕立ての折丁×16台＝総計256ページ

中身が268ページであれば，次のように折丁の台数を揃えます。

　　　　16ページ仕立ての折丁×16台

　　　　　＋8ページ仕立ての折丁×1台

　　　　　＋4ページ仕立ての折丁×1台＝総計268ページ

このとき，効率性を考慮して16ページ仕立ての折丁を1台増やし，その代わりに余分な4ページ分の存在を許すという考え方もあります。

　　　　16ページ仕立ての折丁×17台＝総計272ページ

この遊び紙である4ページについては，白ページのままで残すか，または出版社の自社広告を挿入するかの，いずれかの処置がなされます。

　辞書や文庫本では32ページ仕立ての折丁を使うこともありますが，それ以上では分厚くなりすぎて適切に折ることはできません。

　ちなみに，欧州では折りの回数による，次のような呼び方があります。

　　　　フォリオ（folio）　　　　　一回折りで4ページ仕立ての折丁

　　　　クワトロ（quattro）　　　　二回折りで8ページ仕立ての折丁

　　　　オクターボ（octavo）　　　三回折りで16ページ仕立ての折丁

　　　　セクスト＝デチモ（sexto-decimo）　四回折りで32ページ仕立て

いずれも，元になる原紙の大きさが違うのであれば，同じようにフォリオと呼ぶ折丁であっても，出来上がったサイズは当然のことながら異なります。あくまでの折りの回数による呼称で，大きさは指していません。

14.2. 折り加工

書籍本文がA4判／B4判のサイズであれば，原紙であるA列／B列の本判からは，オモテ側に8面，ウラ側にも8面の，計16ページ分の面付けがなされます。この刷本を折り加工すれば，16ページ仕立ての折丁ができるのです。

　一回り小さいA5判／B5判の書籍であれば，オモテ側に16面で，ウラ側に16面の，計32ページ分が面付けでき，折り加工すれば32ページ仕立ての折丁となります。ただし，32ページ仕立てだと折り機側が対応していないケースがあるのです。そのような場合は，さかのぼること面付けの時点で，表裏で32ページ分取れるところを，16ページ仕立てを2組で面付けすることにより対処します（二丁付け）。同じものが2組分印刷されているので，刷本の中央で半分に裁ち割ってから，それぞれに16ページ仕立ての折丁をつくります。

　刷本での面付けは，縦組みと横組みの別で定式化されています。折りたたんだときにノンブルが順番通りに続くような，ページ面の定位置があるのです。右開きで縦組みの場合，ページ面の地と地とが突き合うように面付けします。左開きで横組みは天合わせで，天と天とを突き合わせます。そうしないと折り込んだ後に，天地の向きが揃いません。

　オモテ側に8面ウラ側に8面が印刷されている刷本から，16ページ仕立ての折丁をつくるには，この刷本に三回の「直角折り」を施す運びになります。**直角折り**とは，常に直前の折り目と直交するように折りを繰り返す方法で，「回し折り」「時計折り」とも呼びます。

● 16ページ仕立ての折丁での面付け（太数字オモテ面, 細数字ウラ面）

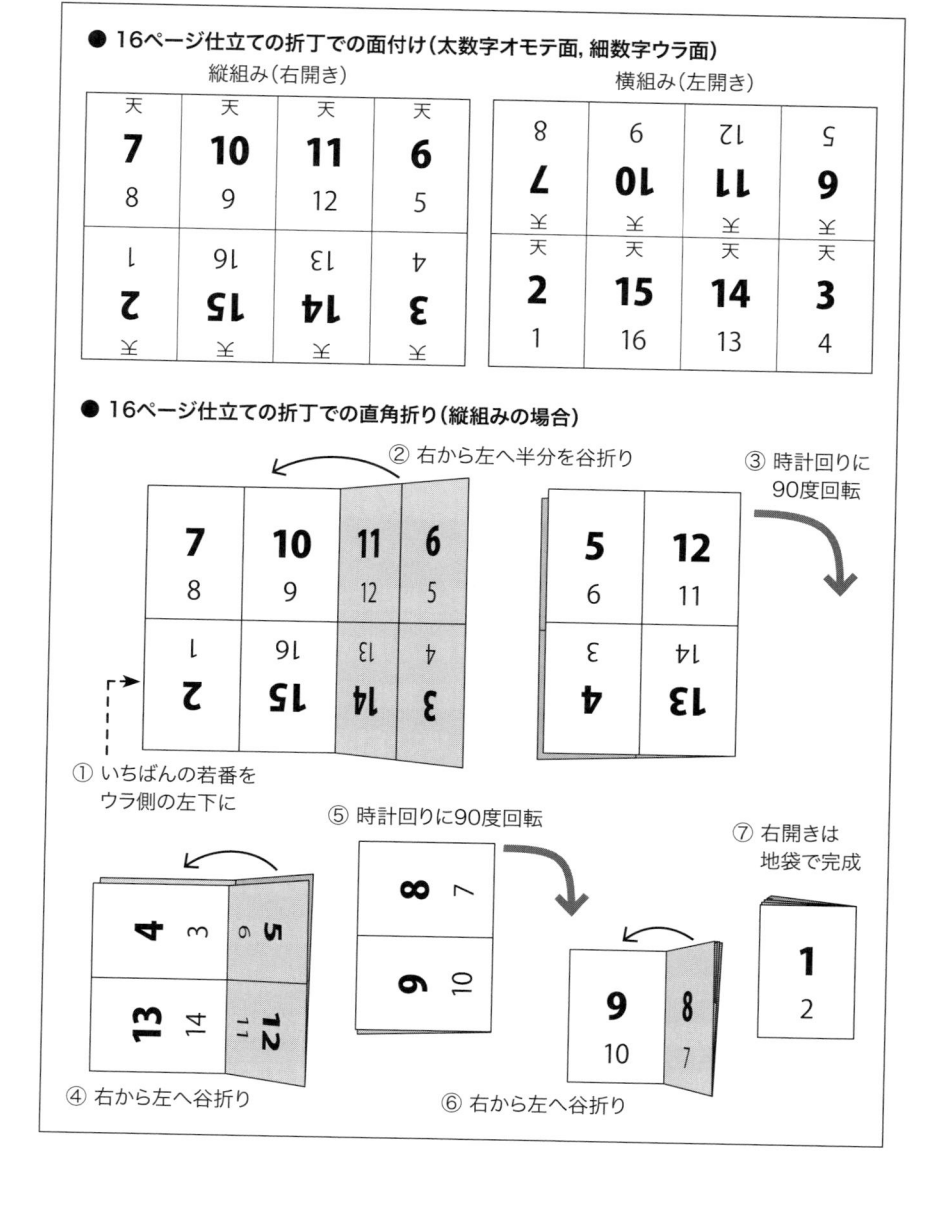

縦組み（右開き）　　　　　　　　　横組み（左開き）

● 16ページ仕立ての折丁での直角折り（縦組みの場合）

② 右から左へ半分を谷折り

③ 時計回りに90度回転

① いちばんの若番を
ウラ側の左下に

⑤ 時計回りに90度回転

⑦ 右開きは
地袋で完成

④ 右から左へ谷折り

⑥ 右から左へ谷折り

まず，一番若いノンブル（若番）をもつページ面が，ウラ側の左下の位置にくるようにセットします。そして，長辺を右から左に一度折ります。折り目の線が内側に隠れる谷折りです。長辺と直交するように二つ折りするのです（直角折り）。

次に，時計回りに90度回転させてから，また長辺を右から左に，谷折りで折り込みます。90度右方向に回転させることで，最初の折り目と直交して折ることになります。

続いて，時計回りにもう一度90度回させて三度目を，やはり谷折りで折り込めば，16ページ仕立ての折丁が出来上がります。

こうして折りたたむと，右綴じ（右開きで本文は縦組み）の場合は地の小口が袋状となり（地袋），左綴じ（左開きで本文は横組み）の場合には天の小口が袋状となります（天袋）。

もちろん，こうした折り加工は機械折りができ，平版オフセット印刷では二通りの方法があります。一つは枚葉機で印刷にかけてから別工程の折り機械で折り加工する場合，もう一つは印刷と紙折りが連続して可能なオフ輪で一括処理するものです。

折り加工が済んで折丁が出来上がると，**貼り込み**を行ないます。二つ折りした見返し，別丁扉の標題紙，口絵，折り込みページなど，綴じ加工できないものを，巻頭または巻末に貼り込みます。ページ全体の中間に貼り込む場合は，折丁の裏側つまり偶数ページに貼り込むのが原則です。いずれも折丁のノド部分に，線状に接着剤を塗布して貼り込みます。

貼り込みが済んで，一部が袋状のままの折丁は，正しい順番で重ねていって書籍一冊分にまとめます。折丁を正しい順番に揃える工程は，**丁合い**（ちょうあい）といいます。

機械的に丁合いを行なう丁合い機では,「乱丁」「落丁」「取り込み」を検知する装置が備わっています。**乱丁**は折丁の順番が間違っている状態,**落丁**はあるべき折丁が脱落している状態,**取り込み**は同じ折丁を複数取ってしまうといった不具合です。

　丁合い機のベルトコンベヤー上で最後の折丁から最初の折丁までを自動的に重ねていくのですが,重ねる直前に,冒頭のページにある一文字を機械が読み取るのです。その文字は何行目で出だしから何文字目というように,折丁ごとに異なる文字があらかじめ設定されています。もしも設定通りの文字が読み取れなければ,それは順番に狂いが生じたことを意味するので,ただちに機械が停止するようになっているのです。

14.3. 折丁の綴じ加工(1) 糸かがり綴じ

丁合いの済んだ,書籍一冊分の折丁の束は,糸・接着剤・針金を用いて綴じ合わされます。綴じ加工のときはまだ,折丁の一部分は袋状のままです。まずは,糸を用いる綴じ加工からみていきます。

　折丁の綴じ加工でもっとも古くからある方法が,糸を用いる**糸かがり綴じ**(「糸綴じ」ともいう)です。折丁を順番に重ねて束ね,それぞれの折丁の背を糸で貫いて縫い合わせながら,一冊分の折丁を次々とつないで綴じ合わせます。糸かがり綴じで製本されると非常に頑丈に仕上がるので,高品質の美術書や過酷な使い方をされる辞書など,耐久性を求められる書籍に採用されます。糸かがり綴じを自動で行なう,糸かがり機も稼働しています。

西洋の古典籍では，糸かがりのさいに折丁の背に数本の麻紐や革帯を渡し，折丁の内側を通る糸が外に出てきては，これらの「支持体」を巻き込むようにして，かがっていく手法があります。ここでいう**支持体**は，糸かがり綴じでの緊密度を高めるために，背に渡す紐や帯です。強度は著しく増すのですが，背には支持体の形が隆起して残ります。この突起を「バンド（band）」と呼び，17世紀には5本が基本となりました。

背にバンドが付く造本に対し，折丁の背を目引きして切れ目をつくり，目引き溝に支持体を埋め込んで凹凸のない背表紙に仕上げる技法や，支持体を埋め込んで平らにしながらも，その平らな背に支持体の代用とみなした革帯を貼り付けて「贋の突起」をつくる技法があります。

14.4. 折丁の綴じ加工（2）接着剤綴じ

接着剤を用いる綴じ加工には「無線綴じ」「あじろ綴じ」があります。

無線綴じは接着剤で背を固める方法です。糸や針金を「線」にたとえて，これらを使わないことから「無線」の語となりました。

まず，束ねた折丁の背側全面を，多数の刃で縁取られた円盤状のカッターにより，一様に3mmほど削り落として毛羽立たせます（ミーリング，milling）。接着剤を紙の繊維に浸透しやすくさせるためです。

毛羽立たせたうえ，さらに幅の狭いノミのような刃を用い，ノコギリで引いたような刻み目を1mmほど入れて――削り音からの連想で「ガリ入れ」と呼ぶ。英語ではノッチング（notching）――，それから接着剤を塗布します。接着強度をより補強するのです。

無線綴じは一冊分のページ全体の背を斉一に削り取ってしまうので，たとい32ページ仕立ての折丁の束であったとしても，接着剤を紙の繊維に十分に浸透させることができます。それゆえに，短納期で大量生産される，たとえばコミック誌のような出版物に適しています。

　接着剤は，かつては膠（にかわ）や姫糊（ひめのり）でしたが，こんにちではコールドグルー，EVA系ホットメルト，PUR系ホットメルトなどの種類があります。コールドグルー（cold glue）は加熱せずに使用できる接着剤で，ホットメルト（hot melt）は高温で溶融して液体となり熱低下ですぐに固まるタイプをいいます。ホットメルトのうちEVA系が１mm以上の厚さで塗布しなければならないのに対し，PUR系はその三分の一の0.3mmほどで接着しても十分な強度を保つことができます。EVA（イーブイエー）は「ethylene vinyl acetate（エチレン酢酸ビニール樹脂）」，PUR（ピーユーアール）とは「poly urethane reactive（反応性ポリウレタン樹脂）」の略称です。

　あじろ綴じも，接着剤で背を固めます。無線綴じが折丁の背側を一様にそぎ落とすのに対し，あじろ綴じは背を残します。折り加工の段階で背の山折りのところに数ミリ間隔で切り込み（スリット，slit）を入れておき，その切り欠いた溝（スリット孔）から接着剤をページの内側まで浸透させて，ページ全体を接合させるという手法です。

　幅15mmほどのスリット孔が，背に残った５mmほどのつなぎ幅で，ミシン目のように連続しているのです。こうすると，スリット孔から内部に接着剤がしっかりと浸み込み，しかも５mmほどのつなぎ部分があることで，すべての紙が切り離される無線綴じよりも強度が生まれ，ページの脱落を防ぐ構造となります。ただし，折りが幾重も重なると背側

に厚みがでて接着剤が内部まで浸透しにくくなるので，16ページ仕立ての折丁までが限度です。あじろ綴じは文庫のような小さなサイズを除いた並製本と，ほとんどの上製本に対応しています。

　あじろ綴じは1960年代末に日本で考案されました。当時，厚めの紙で折丁をつくるときには，小さな歯の付いた直径80mmほどの円形のスリッターを使って，袋状となる部分に切り欠き（スリット）を開けて空気抜きをしていました。空気抜きされた袋折りの箇所は三方を断裁するときに切り落とされます。このスリットを背側にもってきて，そこに接着剤を注入すればいいのではないかと着眼したわけです。

　ちなみに，あじろ（網代）とは，竹や木の薄く削ったものを縦横に編み込んだ漁具です。川の瀬に仕掛けて，そこに魚を追い込んで捕獲する定置網の一種なのですが，その組み合わされた意匠が折丁の背に出来上がる切り跡と似ているところから名付けられました。

14.5. 折丁の綴じ加工（3）針金綴じ

針金を用いる綴じ加工には「中綴じ」「平綴じ」があります。

　中綴じ（なかとじ）は，ページ単位の刷本を二つ折りにして，ただひたすら重ね，背の折り線上に沿ってステープル（staple，コの字型の針金）で綴じる方法です。

　要は，折丁のひと折りだけを分厚くして中心を綴じてしまうのです。雑誌や教材などで用いられますが，完成品とするには紙表紙も一緒に綴じ込んで仕上げてしまいます（中綴じ製本）。

ただし，紙を幾重にも重ねるという構造上，ページ数が多くなったり紙が厚くなったりしてくると，内側のページがどうしても前小口側に伸びて，斜めになってせり出してきます。外側から中央へと前小口サイドが山形となる，この特徴的なズレは「クリープ（creep）」と呼ばれており，英語は「いつの間にか忍び寄る」といった意味です。

　前小口側を揃えるためにクリープを断裁すると，ページの横幅は内側へ向かうにつれて少しずつ狭くなり，版面の位置がズレていきます。外側のページと中心部分のページのあいだでどうしても寸法差が出るため，レイアウト時には外側のページほどノドアキを少しずつ広く取るよう，ページごとに調整して版面の位置を整えておく必要があります。

　糸を使った中綴じもあり，**中ミシン綴じ**と呼びます。工業用ミシンを使うので手間とコストはかさむものの，針金を使う中綴じよりも耐久性と高級感があり，パスポートや銀行通帳に使われています。

　平綴じ（ひらとじ）は，折丁を束ねた後に，平（ひら）の，ノドに近い位置で，折丁全体をステープルで一気に貫いて，綴じてしまう方法です。綴じたステープルの端を折り返すことで紙が固定され，耐久性は高いのですが，ノドいっぱいに開くことができず，開いた冊子は折り目をつけないと勝手に閉じてしまいます。平綴じは，ステープルに近いところにミシン目を入れて，ページを切り取りながら使う用途のもの，領収書・メモ帳・レポート用紙・カレンダーなどで使われます。

　中綴じであれ平綴じであれ，針金を使う綴じ方で長期的に出てくる問題は，サビです。露出したステープルの金属は空気中の酸素にさらされると徐々に酸化します。サビを防ぐコーティングが施されていたとしても，完全に防ぐことはできません。

針金の代わりに糸を使った平綴じには，「平ミシン綴じ」と「和綴じ」があります。前者の**平ミシン綴じ**は，折丁を重ねた後に，工業用ミシンを使って，背に沿いながら天から地へと連続した細かいステッチで縫い合わせていく方法です。取扱説明書や業務報告書などで使われます。

和綴じは，日本の伝統的な綴じ方で，毛筆で手書きした和紙を綴じるために発達しました。墨蹟が和紙の裏側へと透けるので，それを避けようと，文字の書かれた面を外側にして半分に折った「袋綴じ」で束ねています。そのうえで，平綴じを基本としながらも糸のかがり方のバリエーションによって，「四つ目綴じ」「大和綴じ」「康熙綴じ（高貴綴じ）」「亀甲綴じ」「麻の葉綴じ」などの区分が付けられています。

ちなみに，袋綴じ状態の紙葉を平綴じで仕立てる以前には，「巻子本」「折本（帖装本）」「旋風葉」「粘葉装（胡蝶装）」「綴葉装（列帖装）」といった和綴じの技法がありました。

薄く柔らかな和紙の片面に，毛筆や木版印刷で文字を書きとめ，和綴じの技法で製本した書物は，総じて**和本**（わほん）と称されています。

14.6. 表紙の装合(1) 背固め前工程

綴じ加工の済んだ折丁の束は，表紙を装合するまでに，「背ならし」「下固め」「三方裁ち」「スピン入れ」「丸み出し」「ミミ出し」「背固め」といった工程を経ます。まず，背固め以前の工程を確認します。

背ならしは，漢字では「背均し」で，背を平らにするの意です。横幅が，均等な厚さの直方体となるように圧迫するのです。

とくに糸かがり綴じで仕上げたばかりだと、折丁の束は空気を含んで膨らんでいます。前小口側を上にして立てた状態の折丁の束を圧搾機械に挟み、左右の方向から圧をかけ、前小口側と背側の厚さが均一になるようにします。とりわけ背の部分が引き締まっていないと、折丁のあいだに接着剤が浸み込み過ぎたり、背割れの原因になったりします。

　背ならし加工に続いて、**下固め**（「仮固め」とも）の工程に進みます。背ならしの済んだ折丁の束を正確に断裁するために、背の部分に接着剤を塗り立てて、かりに固定するのです。下固め機にかけ、背に接着剤を塗布して熱風ですぐに乾燥させます。この後にページ全体を正確に切り揃えるためには、背を前もって固定しておく必要があるのです。

　下固め加工を経て、**三方裁ち**（「化粧断ち」とも）の工程に進みます。背以外の三方が仕上がり寸法になるように断裁されます。天・地・前小口の三か所が三方断裁機できれいに裁ち切られるのですが、まず天地の二か所を同時に裁断し、次に前小口の側を裁ちます。

　天アンカットでは、三方断裁機の天側の刃を外して作業します。小口折りでは、まず前小口を断裁した後に、折り込んだ一枚ものの表紙を糊付けし、そのうえで天と地を断裁して仕上げます。

　上製本では造本設計にしたがって、三方裁ち加工の後に、スピンを接着する**スピン入れ**の工程が入ります。折丁の束のほぼ真ん中を開いて、ここにロール状になっているスピンを、必要な長さにカットしてくるりと巻き込むように挿入します。スピンの根元は、下固めのときの接着剤を加熱して少し溶かしながら、背に接着させます。

　三方裁ちの工程を経た本は、造本設計にしたがって、**丸み出し**加工と**ミミ出し**加工に入ります。丸背の場合は、丸み出しミミ出し機によって、

この二工程を同時処理します。背に二本のローラーで丸み出しを行なうとともに，そのまま続けて当て板で背の少し下を挟み，両側から万力（まんりき）で締めて，ミミ出しをします。英語で「背」を意味する「back」の語が転訛して，かつては丸み出しを「バッケ」とか「バッケ出し」と呼び，挟む当て板は「バッケ板」でした。角山（角背でミミあり）の場合は，丸み出しは行なわずミミ出し加工のみです。

　丸み出しとミミ出しの加工に続くのが，背の部分をしっかりと補強する「背固め」の工程です。

14.7. 表紙の装合（2）背固め

背固め（「背貼り」とも）の工程では，「寒冷紗」「背紙」「花布」を貼って背を補強するのですが，さまざまな手法があります。

　寒冷紗（かんれいしゃ）は，綿糸か合成繊維糸を薄く粗く織り込み，糊付けして固めた布です。やや硬いガーゼのような感触で，薄紙を裏打ちしてあるものもあります。

　短冊状の寒冷紗を貼り付けることで，ページ全体の型崩れを防ぐとともに，折丁の束と表紙とをつなぎ止めて，なおかつ下固めした背を補強します。背の角からオモテとウラの平（ひら）のほうに40mmほど食み出させて，背にまたがるように貼るのがポイントです。

　背紙（せがみ，「背貼り紙」とも）は，下固めした背に当てて補強するための紙です。背紙が貼られた後に「花布（はなぎれ）」が背の天地に付けられます。ただ，背紙という特定の銘柄があるのではありません。

まず，背紙にクラフト紙や地券紙を用い，ページ全体の紙質や厚みによって一層から二，三層に貼り重ねたうえで，乾燥させて固めるという手法があります。出来上がった背固め層はきわめて硬く，丈夫な一枚板の形状となります。

　表紙を装合すれば，ページ全体の背と背表紙とが密着し，しかも背は強く固められているわけで，このような様式を**タイト＝バック**（tight back，硬背［かたせ］）と呼びます。いきおい本は開きにくくなり，無理をすると背に強い折り目ができ，閉じたさいにはハシゴ段のような状態となって元の形には戻らなくなるという難があります。

　次に，背固め層が硬く固まることなく柔軟さを維持させるために，背紙に**皺紙**（しわがみ）を使うという手法が見出されました。皺紙は，クラフト紙やラシャ紙（外観が毛織物のラシャに似た厚手の特殊紙）に，シワ模様（シボ）を付けて加工したものです。

　たくさんの縦皺状の細かい溝をもった皺紙を用いることで，接着剤に湿潤剤を添加してチリメン皺状に塗布したのと同様の効果が得られ，柔軟で容易に屈曲するものとなるのです。背紙に皺紙を使うことで生まれたのが，ページ全体の背と背表紙とが密着しているものの，本の開閉はスムーズにいく，**フレキシブル＝バック**（flexible back，柔軟背）です。丸背に適用されます。欠点は，本を開くたびに背表紙のほうが窪んだ状態となるので，長く使っていると背がひび割れて何本もの筋が入り，傷みやすい点です。

　ホロー＝バック（hollow back，腔背［あなせ］）は，ページ全体の背と背表紙とのあいだが離れていて，若干の空洞が生まれる様式です。背紙には，寒冷紗や皺紙など柔軟性のある素材を用い，背からオモテとウ

● **角背と丸背**

角背　　　　　　　丸背

ミミ
ミゾ

● **突き付け（ミゾをつくらない状態）**

● **背の様式**

タイト＝バック（角背）

フレキシブル＝バック（丸背）

ホロー＝バック

丸背

角背

ラの平（ひら）のほうに食み出して，背にまたがるように接着させます。そして，外側の表紙と中身のページ全体とを見返しのみで接合させるのです。背の部分がつながっていないので，本を開いたまま平らに置くことも容易です。丸背にも角背にも適用されます。

　ホロー＝バックは，見返しのみで接合しているので，ノドのところが毀損しやすいという難点があります。これを避けるために，背紙に「クータ」を用いて表紙と接合させる手法が生まれました。**クータ**は，クラフト紙をまるめて筒状にしたものです。チューブ状のクラフト紙をつぶし，背幅に合うように寸法を調整して貼り付けることにより，空洞が生み出されてホロー＝バック状態となるのです。クータという言葉は「腔袋（くうたい）」からの転訛です。上製本で使われてきたクータを並製本にも転用し，クータの生成から表紙のノドの部分に貼り込むまでを連続して行なえる，クータ貼り機も稼働しています。

14.8. 表紙の装合（3） くるみ製本

背固め加工の工程を終えると，いよいよ表紙を装合します。

　上製本では，背固めされた折丁の束を「完表紙」ですっぽりとおおうかたちの「くるみ製本」が一般的です。**完表紙**（まるひょうし）とは，一枚ものの表装材に，オモテ表紙・背表紙・ウラ表紙という三つのパートの芯材（三枚芯）を貼り込んで仕立てた表紙です。完表紙の芯材には，板紙や地券紙が用いられます。平（ひら）のところは板紙や地券紙ですが，背の芯材は丸背と角背，そして硬背・柔軟背・腔背の様式によって，

● 完表紙は，一枚ものの表装材に，
オモテ表紙・ウラ表紙・
背表紙という三つのパートの
芯材を貼り込んで仕立てる

● 表装材で芯材をおおい，
四周の端を折り返した完表紙

● 背固めの工程では，
背紙・花布・寒冷紗を
貼って背を補強する

背紙

花布

寒冷紗

● 背固めの工程を終えた
ページ全体の背と，完表紙の背の
部分の芯材とを装合させる

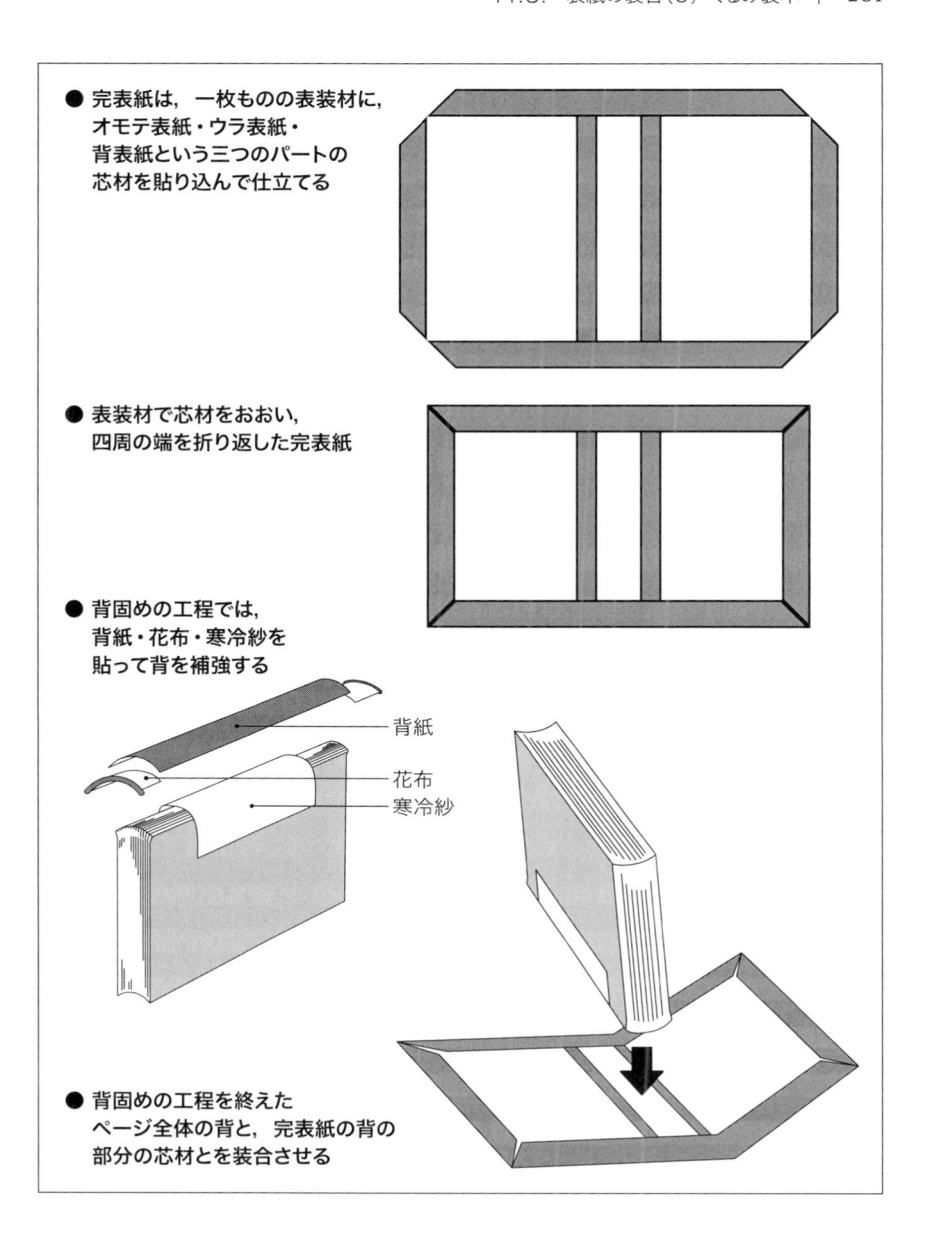

それぞれに異なります。クータを用いる場合には，背表紙の芯材は抜いて（オモテ表紙・ウラ表紙の）二枚芯とすることもあります。完表紙が芯材を包んで折り返した箇所——オモテ表紙とウラ表紙の，それぞれの裏側——には，見返し（効き紙）が全面に貼付されます。

　そも，中世の写本は芯材に木板を使い，動物の革でおおって表紙としました。19世紀初めにイギリスで，染色塗料を施した布地を表装材とする布表紙が出現し，これを「クロス（cloth）」と呼んだのです。板紙や地券紙を芯材にして，布地とともに紙葉も使うようになって以降も，この「クロス」の語が残り「表装材」の意となったのでした。

　表装材の「紙クロス」には，アート紙やコート紙を始め，さまざまな紙葉が使われます。耐久性を上げるために，表面にPP貼りが施されたりします。「布クロス」に使える生地には綿・麻・絹・化繊を始め，それらの混紡素材があります。各種の繊維で平織りした布地に染色塗料を塗布して加工し，薄紙で裏打ちして製品化されています。「皮革のクロス」は，こんにちでは聖書・事典・芳名帳などの豪華本に用いられます。脱毛した獣皮（hide）になめし加工を施した革（leather）には，ヤギ革・羊革・牛革・仔牛革・豚革などがあり，染色も可能です。

　参考までに，上製本で表紙を装合させる，もっとも古典的な方法は，糸かがり綴じで用いた「支持体」の末端を，芯材に当たる木板そのものに外側から孔をあけて通し，板の内側に木釘で固定して革装とする製本方法です。「綴じ付け製本」と呼ばれています。小口の三方に留め金を付けて表紙を閉じておく技法も好まれました。

　16世紀には羊皮紙（vellum）を芯材に，支持体の末端を背側の孔に外側から通して前小口側の孔へ抜けさせ，支持体を留め金の代わりに結ん

だ「リンプ装製本」も行なわれました。木板の代替に羊皮紙を使った，綴じ付け製本の簡易版です。英語の「limp」は「柔らかい」の意。

　綴じ付け製本もリンプ装製本も，背表紙のみ別の表装材でおおわれて，後から接着されます。背と表裏の平（ひら）の一部分が，オモテ表紙とウラ表紙とは異なる表装材でおおわれることになり，これを**継ぎ表紙**と呼びます。表紙全体を一枚の表装材でおおう完表紙の，対義語です。

　昔は手間賃よりも素材の値段のほうが高かったので，上質な素材は背表紙だけに使い，オモテ表紙とウラ表紙は低廉な表装材で済ませたのが，継ぎ表紙です。こんにちでは，これが逆転し，手間のかかる継ぎ表紙のほうがコストの高い製本様式となっています。継ぎ表紙のバリエーションで，小口側の天と地の四隅に，背表紙と同じ表装材をもってきて，三角のかたちに貼り付けて補強したのを「コーネル付き継ぎ表紙」といいます。コーネル（cornell）はイタリア語で「角（かど）」の意。

　なお，この完表紙を用いたくるみ製本は，フランスの製本家・ブラデル（Alexis Pierre Bradel）が考案し，18世紀末にドイツに移って広めたものとされ，別名「ブラデル製本」とも呼ばれています。

　さて——背固め加工された折丁の束が完表紙でまるっと装合されたわけですが，工程はその次に進みます。完表紙にくるまれた本は自動的に整形プレス機の受けレールに，背を下にした状態で送り込まれるのです。その入り口にある整形バーによって前小口側から圧を加えられて丸みを整えます。続いて，左右の平（ひら）の側からプレス板に挟んで圧搾され，完表紙と見返しが十分に結合されます（仕上げ締め）。

　この整形プレス機に挟んだままで**ミゾ入れ**の加工を施します。加熱した刃型のアイロンを使い，本全体を圧着しながら，ミゾをつくります。

かつては「イチョウ」と呼ぶ工具を使う手作業でした。イチョウ（銀杏）の葉のかたちに似た，鉄製のコテです。このイチョウを熱して，本に押し付け，こすり込むことでミゾをつくっていたので，その昔はミゾ入れ加工のことを「イチョウを入れる（付ける）」と呼んでいました。

　並製本の場合，綴じ加工の済んだ後に「背ならし」「下固め」を経て，ここで紙表紙を装着し，中身と紙表紙をともに「三方裁ち」します。

　以上の工程が終わると，スリップを挿入し，カバー＝ジャケットや帯紙をかけます。外函があるものは函に入れます。

＊　　　＊　　　＊

書物の完成には長い旅路をたどります。企画の立案から製本の工程を終えるまで，どれくらいの期間が必要なのか一概には言えません。企画の内容にも起因するし，著者の筆運びにも左右され，編集者の力量にも関わります。組版指定や造本設計の難易度から，印刷所や製本所の作業工程における進捗状況も関係してくるからです。

　ただ言えることは，書籍としての上木がゴールなのではなく，そこから取次会社への搬出，書店店頭への陳列，オンライン書店への配送といった，販促・営業の活動が続くという事実です。一人でも多くの読者に届けるまで，編集者の仕事に終わりはありません。

　本づくりが完了して，取次会社への出荷分とは別に出版社用の数量が納品されたら，そこで「献本」の準備をします。献本とは書籍を進呈すること，またはその書籍です。まず著者献本として数冊を用意し，次に著者や出版社の関係先に一冊ずつを宛てます。短冊状の用紙に「謹呈」と記した謹呈箋を挟んだり，案内文を付したりして郵送するのです。書

籍製作でお世話になった謝礼を込めて，あるいは書籍上木の認知を広め書評やSNSで紹介されることを期待しての献本発送です。

　また，担当の編集者は当該書籍の「訂正原本」を机上に備えます。初刷で発生した誤りを記して，重版時に確実な修正ができるよう保管しておく一冊です。版歴を記録する意味でも訂正原本は必要です。

　かりにですが，もしも刷了の直後に誤記や誤植が発見された場合は，それらの正誤を示した一覧表（正誤表）をつくって製本完了後に書籍本体に挟み込むか，あるいは訂正シールをつくって誤記・誤植の箇所に貼付するなどして対処します。また「一丁切り替え」といって，誤りのあるページをノドから数ミリのところで切り離し，訂正後のページをその数ミリ幅に糊付けして継ぎ足す手法もあります。一丁切り替えでは三方の小口に一ページ分の凹凸が生じないよう，緻密な作業を要します。重版で訂正するという次善の策もありますが，事由のいかんでは刷り直しの判断となり，出来上がった製品はなべて廃棄処分とせざるをえません。よもや「あってはならないこと」です。■

おわりに

電子書籍（digital book）は，デジタル化された文字ベースのコンテンツが，配信事業者からインターネットを介して閲覧用の端末機器に配信され，本を読む疑似体験のできる仕組みをいいます。ネット経由の配信だけでなく，CD-ROMのような外部記録媒体に文字データが蓄積され，オフラインで閲覧するタイプも含むことがあります。

　コンテンツの代表例は，商用販売の旧刊書が配信事業者などの手で二次利用されたものです。それ以外にも，著作権の消滅したパブリック＝ドメイン作品や，著作権の保護期間が残っているものの権利者不詳の絶版本が，国立図書館を始めとする公益的な事業体によってデジタル化されています。商用の最新刊が著者許諾のもと即座に配信される事例や，同好者による小説投稿サイト上でのウェブ文芸の類いもあります。

　電子書籍では，コンテンツのファイル形式，閲覧用ソフトウェアの種類，端末の指定機種についての確認が必要です。閲覧がダウンロード方式かレンタル方式かも確かめなければなりません。

　冒頭で「本を読む疑似体験」と定義したのは，これまでの読書体験とは一線を画すからです。端末の画面で文字を追うのは「読む」というより「見る」という感覚であって，すでに見知っている言葉だけを目にとめ，わかりやすい表現のみを好んでしまいます。一字一句に「ピントを

合わせる」よりは「斜めに受け流す」という視線の動きに近く，長文の内容を深く吟味するいとまもなく，その場その時で好きか嫌いかの選別を図り，自分の信じたい文脈ばかりに没入しがちです。

電子書籍は「所有」が難しいのも特筆すべき点です。レンタル方式は配信プラットフォームへのアクセス許可を得たということであり，オフラインでの利用はできません。ダウンロード方式でも，事業者側の都合で一定の年月を経た後に端末機器のデータが消えてしまう可能性を否めません。そのときにかぎって「再ダウンロード」が無効で，改めて「購入」しようにも，登録作品そのものがすでに削除されていたりするのです。アーカイブ機能は，万全とはいいがたいところがあります。

もちろん，電子書籍の利点は十分にあります。通信インフラが整っていて，端末とソフトウェアが正常であって，豊富な電力が供給されていれば，このうえなく便利で，融通の利くメディアです。嵩張らず場所を取らず，持ち運びも簡便です。機能的には，文字サイズの拡大，画面の明るさ調整，コンテンツ内の文字検索，文字列のハイライト表示，ブックマークの指定，AI音声での読み上げ，別端末とのページ同期などができます。テクノロジーに裏打ちされた利便性は計りしれません。

生まれて初めて手にしたのが絵本ではなくタブレットという人が増えて，液晶画面で文字や映像を追うのに身体のほうが馴致して何ら抵抗を感じない世紀を迎えています。おそらくは電子書籍に向き合ってみてわかる「紙の本」の価値があるし，逆もまた然りなのかもしれません。両者は引き算の関係ではなく，補完し合う部分は確実にあります。

ところで——図書館はデジタル化にどう対処しているのでしょうか。館種によって方針が違い，個別の館の事情も異なるでしょうが，ここで

は大きく，学術研究の図書館と行政サービスの図書館とに二分したうえで，個人的な所見をしるします。

前者の学術図書館は，科学的根拠に基づく最新知見の提供をサポートすべき拠点です。研究者のあいだでは，最先端の成果を公表し先取権を確保する国際的な競争が展開されており，発表の場も，書籍より雑誌，それも最新号に掲載の論文，さらには紙媒体よりも電子ジャーナルへと変転し，研究活動のサイクルを著しく短縮させてきました。とりわけ医学薬学・技術工学・実験科学の分野では，最新の査読論文をデジタル化して流通させ，無料であって，なおかつ制約のない利用を保証するという，オープン＝アクセス運動が続いています。学術研究の図書館は，そこに全力で取り組まねばならないでしょう。

一方で行政サービスの図書館は，行政の一端を担う以上，市場の容赦ない選別と序列化からは距離を置き，社会の弱者に手を差し伸べて，どんな利用者も取りこぼさない居場所であれかしと願うばかりです。新しい技術や時代の変容に追いついていけないと不安感にさいなまれている人に向けて，手に馴染み，目に親しんだ，これまでと変わらない書籍を提供し続け，旧来の読書体験を守ってあげてほしい。行政の図書館は常に世の中のしんがりを照らす灯台として，一人の落ちこぼれも出さないという真っ当な使命をひたすら愚直に果たすべきと念じます。

読書の仕方は百人百様のかたちがあります。簡単に理想化できるほど単純なものではないかもしれません。ただ，内面の生活を豊かにする方向にこそ，読書はあると断言できます。だれかと競うためではなく，他人にみせびらかすものでもなく，ひとえに自分ひとりを満たすことができれば，人は幸福でいられるのです。何も恐れるに及びません。■

索　引

本文の内容が対象。丸カッコは読み，角カッコは観点。太い数字は詳細説明，斜め数字は図版説明のページ。

あ行

あ　アキ組み　141
　　あじろ綴じ　191-193
　　アステリスク　76-77,158
　　遊び紙　89,112,186
　　あとがき[台割]　112,118,169
　　アート紙　106,180,202
　　後付　112,116,118,161,122
　　油紙　107
　　アポストロフィ　79-80
　　網点　172,177-178
　　アンダースコア　76
い　異体字　46-47,50,54,79,157
　　板紙　83,104,109,200,202
　　イタリック体　120,131,134
　　「一十（いちじゅう）」方式　61
　　「一〇（いちまる）」方式　61
　　イチョウ　204
　　一丁切り替え　205
　　糸かがり綴じ　190-191,196,202
　　色校正　171-172
　　色分解　177
　　印刷インク　178
　　印刷標準字体　49,54
　　印刷用原版　20-22,124,139
　　印税　39,121
　　インディア紙　107
　　インボイス制度　40-42

う　ウィドウ　143,150,170
　　薄葉紙　107
　　内トンボ　175-176
　　裏白　114,116
え　AB判　103
　　A列規格判　100-101,103
　　A列本判　99,103,109
　　エリプシーズ　73
　　円圧式　179
　　鉛板　20,179-180
お　追い込み　145-147,150
　　追い出し　145-147,150-151
　　追い丁　161
　　凹版印刷　181
　　奥付　22-23,31,35,112,118,
　　　120-122,160,162-163,169-170
　　送り仮名　45,55,59-60
　　オックスフォード＝ルール　63,125
　　帯紙　38,86-**87**,94,112,171,174,184,
　　　204
　　オーファン　143,150-151,170
　　オフセット方式　180
　　オフ輪　182,189
　　親文字　76,78
　　折り返し行　*148*,149
　　折り込み　116,189
　　折丁　89,113-114,116,174,176,
　　　185-187,*188*,189-197,200,203
　　折りトンボ　175

オ列長音　58-59

終わりカッコ　68-69,73-75,147,*148*,
　149,158

音引き→ 長音符

か行

か　改行　130,143

解説[台割]　112,118-119

改丁　113,115-116,121

改ページ　116,145,151

化学パルプ　97,105,107

かぎカッコ　74-75

角カッコ　74-75

隠しノンブル　31,160,162

角背　84,197,*199*,200

拡張新字体　48-49,52-53

嵩高紙　109

下質紙　105

課税事業者　41-42

下線　76,146

仮想正方形　133-134,141

仮想ボディ→ 仮想正方形

活字原版　20,179-180

合集　20,34

活版印刷　20,23,48,77,124,131-133,
　137,139,141,164,**179**-180

合併号　28

角(かど)トンボ　175

カーニング　155-156

カバー＝ジャケット　38-39,81,85-**87**,
　94,112,171,174,184,204

紙取り→ 面付け

紙の目　98

ガリ入れ　191

簡易慣用字体　49

巻号次　27,31,161

感嘆符　70-71,147

雁垂れ→ 小口折り

カンマ→ コンマ

巻末注記[台割]　112,118,160

寒冷紗　197-198

き　機械パルプ　97,105

企画書　36-38

効き紙　84,89-90,202

菊判　101-103

菊本判　103,109

奇数起こし　115-116,121,160

擬態広告　30-31

亀甲カッコ　74

疑問符　70-71,147

脚注　158,*159*,160

逆目　98

キャレット　80

休刊　29

旧字体　47-50,53,61

級数制　133,138-139

ギュメ　75

行送り量　129,139,141-142

行間　141-**142**,158,167

行数　123-124,129-**130**,142,151

強制改行　77,144-145,150,153-154

行揃え　143,153-154

行長→ 指定行長

行頭　143,**144**-147,149,152-155,170

き　行頭禁則　146-147,149
　　行頭揃え　154-155
　　行頭見出し　153
　　行頭ライン　144-145,*148*,149
　　行取り　143-144,152-153
　　行末　71,143,**144**-147,149,154-155,170
　　行末禁則　147
　　行末揃え　154
　　行末ライン　145-146,*148*,149
　　清刷(きよずり)　180
　　禁則処理　146
　　均等詰め　139,141
く　食い込み詰め　139,155
　　クォーテーション＝マーク　75
　　クータ　200,202
　　口絵　112-114,160,162,189
　　句点　67-69,71,150
　　句読点　68-69,146-147,*148*,149
　　組版　21-22,34,37-38,40,53,63,77,81-82,**123**-125,136,139-140,142,146,161,163,165,169-171,173,180,204
　　グラシン紙　107
　　グラビア印刷　105,181
　　グラビア用紙　105
　　クラフト紙　108,198,200
　　繰り返し符号　79,147,149
　　グリッド＝システム　128
　　クリープ　194
　　グループルビ　78
　　くるみ製本　200,203

　　クロス→ 表装材
　　クワエ　176
け　罫線　76,130,151-152,160,175
　　軽量コート紙　106
　　ケシタ　91
　　化粧裁ち→ 三方裁ち
　　ゲタ　77
　　ゲラ　164-165,170
　　検印　121
　　献辞［台割］　112,114
　　原紙　98,**102**-103,108-109,174,184-187
　　現代仮名遣い　57
　　圏点　76
　　見当合わせ　175,183
　　原版刷り　179
　　献本　204-205
こ　校閲　164
　　康熙字典体　47,49
　　合字　156
　　号数制　78,133,137-138
　　校正　37-38,40,142,**163**-171,173,179
　　校正記号　166
　　合成和字単位　80
　　後注　158,160
　　校訂　47,117,164
　　孔版印刷　181
　　校了　38,170-171,173,184
　　小かぎ　74
　　小書き仮名　57,64-65,119,147,149
　　小口　82,91,109,202-203,205
　　小口折り　85,196

小口隠し絵　92,*93*

小口装飾　91-92

ゴシック体　120,131-132,152-153

コシマキ→ 帯紙

コート紙　106,202

コーネル付き継ぎ表紙　203

米印　77

コールドグルー　192

コロン　67,70

コンマ　61-62,67-70

さ行

さ　再校ゲラ　169-171

再版　24

索引　112,118,**119**-120,160-161,
　　169-170

雑板紙　104

雑誌［定義］　24

冊子体　18,28,99

刷版　20,**173**-177,180-183

刷本（さっぽん）→ 刷本（すりほん）

刷了　184,205

サム＝インデクス→ ツメ

三校ゲラ　170-171

参考文献［台割］　112,118

三方裁ち　195-196,204

し　CIP　112

字上げ　145

仕上げ締め　203

CMKY　171-172,**177**,181,183

字送り量　129,139,141-142

シカゴ＝マニュアル　63,125

直刷り方式　180

字間　139,**141**-142,147,150,154-156

字間ベタ　141,154

紙器用板紙　104

紙型　20,179-180

字形　45-**46**,50,131

字下げ　77,120,144-145,152

支持体　191,202

字種　**45**-46,50,53-54

JIS漢字　50,52-54

自然改行　144,149,154

字体　**45**-48,50-51,54,61,117,131

下固め　195-197,204

実売部数　39,121

字詰め　123-124,129-130,142,144,
　　150

字面（じづら）　71-72,131,**134**,139,141,
　　156

字面詰め　139,156

CTS　140

指定行長　142,**144**,150,153-155,158,
　　160

CTP方式　177,181

字取り組み　154-155

字幅　68,70-75,79,**134**,141-142,149

謝辞［台割］　112,118-119

写植　124,131-132,134,**138**-141,177,
　　181

ジャスティフィケーション　155-156

斜線　71,73,147

斜体　134

シャープ記号　77

し　十字トンボ→ センタートンボ

重箱判　103

重版　22,40,205

出張校正　171

手動式写植機　139-140

純広告　30

順目　98

上質紙　105-107

上製本　30,82,**83**-87,89-90,94,104,
　　107,113,174,184,193,196,200,202

小題紙［台割］　112-114,160,162

消費税　31,39-42,88

正味　39

常用漢字　49-51,54,57

常用漢字表　49,54,56

初校ゲラ　165-166,168-172

書籍［定義］　17

書籍用紙→ 本文用紙

書体　123,127,129,**131**-132,134,142,
　　152,160,170

紙料液→ パルプ懸濁液

印物（しるしもの）　67,152

四六判　101-103

四六本判　103,109

皺紙　198

芯材　83,85,90,174,200,202

新字体　47-49

新書判　103

人名用漢字　50-52

す　推薦文［台割］　112,114-115

スクリーニング処理　177

スクリーン印刷　181

スピン　89-90,196

スピン入れ　195-196

スマート=クォート　75,80

隅付きカッコ　75

素読み　167-168,170

スラッシュ→ 斜線

刷［定義］　22

スリップ　39,**88**,94,112,174,184,204

刷本（すりほん）　176,**184**-187,193

せ　背　31,**82**-84,90-92,94,190-193,
　　196-198,200,202-203

正誤表　112,205

正字体　47,49

正体（せいたい）　134

背固め　195,197,200,203

背紙　197-198,200

責了　171-172

セクション記号　77

セット［文字のサイズ］　135

背丁　175-177

背ならし　195-196,204

背標　175-177

セミコロン　67,70

全角のダッシュ　72

センタートンボ　175

先頭行1字下げ　143-145,*148*,149

そ　増刊号　28

挿入注　158

総ルビ　78

俗字体　47

外トンボ　175-176

た行

た　ダイアゴナル→ 斜線
　　第三種郵便物承認　31-32
　　大字（だいじ）　61
　　タイト＝バック　198,*199*
　　タイプフェイス　131
　　代用字　33,48,57
　　台割　111-112
　　ダガー　76-77
　　ダッシュ　71-72,80
　　縦中横　62-63
　　タテ目　98-99
　　ダブル＝ダガー　77
　　ダム＝クォート　75,80
　　段　130,144
　　単位記号　79-80,147
　　段間　130
　　段組み　120,127,129-**130**,142,144
　　短冊→ スリップ
　　段標　73,77
　　段ボール原紙　104
　　段落　73,77,123,**143**-145,149-152
ち　地券紙　83,104,198,200,202
　　帙（ちつ）　88
　　地の小口　91,189
　　地袋　189
　　中央揃え　154
　　注記　74,77,118,157-158
　　中質紙　105-106,109
　　丁（ちょう）　117
　　丁合い　189-190

長音符　63-64,72,119,147,149
長体　134
植字（ちょくじ）　179-180
著作権　39-40,44
著者校正　168-169
直角折り　187,*188,*189
チリ　84
チルダ　72
つ　通巻号数　27,31
　　束（つか）　94,109,161
　　束見本　38,94
　　突き付け　84,*199*
　　継ぎ表紙　203
　　付き物　28,82,**111**-112,122,163,
　　　169-170
　　坪量　107-109
　　ツメ（爪）　92
　　詰め組み　139,155
て　訂正原本　205
　　DTPソフト　124,134,136,139-140,
　　　173
　　デジタル印刷　177,179,181
　　デジタルフォント　52,132
　　テン［約物］　61,68,76
　　天アンカット　90,196
　　電算写植機　124,140
　　天ツキ　145,*148,*149
　　天の小口　85,91-92,189
　　天袋　85,189
と　同行見出し　153
　　謄写版印刷　181
　　頭注　158,*159*

と　読点　67-69,76
　　当用漢字　47-50,52,57
　　当用漢字字体表　47-48
　　動用字　46
　　通しノンブル　161
　　特殊紙　107,198
　　特色［印刷］　177,183
　　塗工紙　106,114
　　綴じ付け製本　202-203
　　ドット［約物］　69,73,153
　　凸版印刷　179
　　扉［台割］　112
　　ドブ　176
　　共紙(ともがみ)　113-114
　　共紙扉　113-114,169
　　トラッキング　155-156
　　取り込み　190
　　トンボ　175,177

な行

な　中点　61,71,147,*148*,149
　　中綴じ　193-194
　　中綴じ製本　193
　　中扉　116,160,162
　　中ミシン綴じ　194
　　波カッコ　75,80
　　並字　57,65,119
　　並製本　82,84-**85**,87,89-90,94,113,
　　　174,184,193,200,204
　　波ダッシュ　72
に　二重かぎカッコ　74-75
　　二重のハイフン　72-73

　　二丁付け　187
　　二倍角のダッシュ　72,147
ぬ　抜き念　171
　　塗り足し　176
ね　年月次　27-28,31
　　念校ゲラ　171
の　ノッチング→　ガリ入れ
　　ノド　91-**92**,94,127-128,189,194,200,
　　　205
　　ノドアキ　94,125,128,194
　　ノンブル　73,115,119-120,124,157,
　　　160-162,169-170,174,187,189

は行

は　廃刊　29
　　ハイフネーション　147,155
　　ハイフン　71-73,147,155
　　函　86,88,107,204
　　箱組み　154
　　始めカッコ　69,73-75,147,*148*,149,
　　　158
　　柱　124,157,162,169-170
　　発音区別符号　72,80
　　バッケ→　丸み出し
　　発行日　27-28,31,39
　　発行部数　18,39,121
　　ハッシュ記号　76-77
　　発売日　25-28,31,171
　　ハトロン紙　108
　　ハトロン本判　108-109
　　花布(はなぎれ)　89-90,197
　　パピルス　99

パラグラフ記号　77

パラフィン紙　107

パラルビ　78

貼り込み　28,116,189

パルプ　96-97,107

パルプ懸濁液　96-97

パーレン→ 丸カッコ

版(edition)　21-23

版(version)　21-22,47

半角のダッシュ　72

判型　38,82,94,**99**-102,120,124

版下　139,180

版下台紙　20,177

版ズレ　172

版面(はんづら)　123,**125**,*126*,
　127-130,142-146,153,157-158,
　167,194

バンド　191

半扉　116

凡例[台割]　112,115

版歴　21,23,115,125,205

ひ　引き合わせ　165-168,170

左開き　129,160,187,189

PDF入稿　173,177,181

非塗工紙　105,107,109

微塗工紙　106

PPC用紙　107

PP貼り　87,202

表外漢字　33,48-50,54

表外漢字字体表　49,54,79

表紙　18,30,35,38,81,**82**-85,87,
　89-91,94,107,114,169,171,

　184-185,195-198,200,202-203

表装材　**83**-84,90,174,184,200,*201*,
　202-203

標題紙　38,81,94,**112**-114,121-122,
　160-162,170-171,189

標題紙ウラ　23,112,114

平(ひら)　**82**,84-85,194,196-197,200,
　203

平綴じ　193-195

平ミシン綴じ　195

ピリオド　67-70

B列規格判　100-101,103

B列本判　103,109

ピンホール　172

ふ　フォント　63,131-133

袋綴じ　195

復刻版　19,21-22,37

フットノート　158,*159*

プライム[約物]　79-80

ブラケット→ 角カッコ

ぶら下げ　146,*148*,149

ブラデル製本→くるみ製本

フランス装　85-86

振り仮名　54,76,**78**,146

プルーフ本　184

フレキシブル=バック　198,*199*

付録　28-29,122

プロセスカラー　177

文庫判　103

文選　179

分離禁則　62,147

へ　平圧式　179

へ　平体（へいたい）　134

平版印刷　180

平版オフセット印刷　20,173,178,**180**,
182,189

頁（ページ）　117

ページ全体　**82**-86,89-92,109,
112-113,120,160,174,184,186,189,
196-198,200

ページもの　113

ベタ［原義］　142

ベタ組み　63,139,141-142

別紙（べつがみ）　113

別行見出し　153

別冊　28

別紙（べっし）　113

別丁　113-114,116

別丁扉　94,113-114,171,189

別ノンブル　120,161

ヘドバン→ 花布（はなぎれ）

ペーパーバック　85,121

ペラ丁　185

ペラもの　113-114,116

編纂　34

編者　34-35,120

編集者　25,**35**-37,40,43-44,54,64-65,
78,81,99,118-119,164,166,
169-170,172,204-205

編集長　35,171

編集人　31,35

編集プロダクション　35,124

ほ　ポイント［約物］　62,69

ポイント制　133,135-139

傍線　76

傍注　158,*159*,160

法定文字　31

傍点　76

ホットメルト　192

ボディ＝サイズ　135

ホロー＝バック　198,*199*,200

本誌　28

本文用紙　94,99,109,113

ま行

ま　枚葉紙　98-99,102,182

枚葉機　178,182,189

まえがき［台割］　112,114-115,169

前小口　84,**91**-92,127,158,160,162,
194,196,202-203

前付　111-112,116,161

巻取紙　98,102,182

マクロン　80

窓見出し　153

マル［約物］　68

丸カッコ　69,74-75,110,158

丸背　84,94,196,198,*199*,200

完本紙（まるひょうし）　200,*201*,
202-203

丸み出し　84,195-197

み　見返し　30,38,84,**89**-90,94,112-113,
189,200,202-203

右開き　129,160,187,189

見せ消ち　76

ミゾ　84,203-204

ミゾ入れ　203-204

ミゾ付き　84

見出し語　119-120,170

見出し項目　115-116,123,132,
　143-145,**151**-154,162,169-170

見開き起こし　115,120,160

ミミ　84,197

ミミ出し　195-197

ミーリング　191

明朝体　131-132,137

む　無線綴じ　191-192

無版印刷→ デジタル印刷

め　免税事業者　41-42

面付け　20,174-177,179,187,*188*

も　モアレ　172

目次［台割］　37,73,112,114-**115**,
　160-161,163,169-170

目次扉　115

木版印刷　20,23,47,133,195

文字組み　63,77,**129**-130,134,
　141-142,144-146,150,154,158,163

文字コード　51,53

モノルビ　78

や行

や　約物　**67**,72,119,146-147,149,153,
　156

山カッコ　75

ゆ　油性インク　178-179

ユニコード　53

よ　用字用語　44-45,55,115,163-164

ヨコ目　98-99

四つ仮名　58

読み合わせ　167

ら行

ら　落丁　190

ラミネート加工→ PP 貼り

乱丁　190

り　リーガル=サイズ　103,110

リーダー［約物］　71,73,147

リバー　155

略字体　47

両端揃え　154-155

輪転式　179-180,182

リンプ装製本　203

る　ルビ　54,76,**78**,146

ルリユール　86

れ　レイアウト指定紙　124-125,128,165

例示字体　47,49-52,54

歴史的仮名遣い　58-59,65

レター=サイズ　103,110

連量　108-109

わ行

わ　和欧混植　63

和紙　102,104,195

和綴じ　195

和本　88,195

割注　158

割り付け用紙→ レイアウト指定紙

ワンプ　104,183

を　「を見よ」参照　120

「をも見よ」参照　120

■

主要参考文献一覧

<本づくり関係>

- 宮後優子著『ひとり出版入門：つくって売るということ』（よはく舎，2022年）
- 奥野武範取材・構成・文『編集とは何か。』（星海社，2022年）
- 福井健策著『著作権とは何か：文化と創造のゆくえ』改訂版（集英社，2020年）
- 日本出版学会編『パブリッシング・スタディーズ』（印刷学会出版部，2022年）
- 日本エディタースクール編『本の知識』（日本エディタースクール出版部，2009年）
- 野村保惠著『本づくりの常識・非常識』第二版（印刷学会出版部，2007年）
- 編集の学校／文章の学校監修『編集者・ライターのための必修基礎知識』（雷鳥社，2015年）
- 岩波書店編集部編『カラー版本ができるまで』（岩波書店，2003年）
- 山岸德平著『書誌学序説』（岩波書店，2008年）
- 貴田庄著『西洋の書物工房：ロゼッタ・ストーンからモロッコ革の本まで』（朝日新聞出版，2014年）
- 高宮利行著『西洋書物史への扉』（岩波書店，2023年）
- アレッサンドロ=マルツォ=マーニョ著，清水由貴子訳『初めて書籍を作った男：アルド=マヌーツィオの生涯』（柏書房，2022年）
- クリストファー=デ=ハメル著，加藤磨珠枝監修，立石光子訳『中世の写本ができるまで』（白水社，2021年）
- 土屋裕昭著『60分でわかる！インボイス＆消費税超入門：令和5年度税制改正対応版』（技術評論社，2023年）

<組版デザイン関係>

- 小宮山博史著『日本語活字ものがたり：草創期の人と書体』（誠文堂新光社，2009年）
- ヤン=チヒョルト著，菅井暢子訳『書物と活字』（朗文堂，1998年）
- 八鍬友広著『読み書きの日本史』（岩波書店，2023年）
- ヨゼフ=ミューラー=ブロックマン著，古賀稔章訳，白井敬尚監修『グリッドシステム』（ボーンデジタル，2019年）
- 松田行正著『アート＆デザイン：1800s−2000s』（左右社，2022年）
- 鈴木一誌著『ページと力：手わざ，そしてデジタル・デザイン』（青土社，2002年）

- 小宮山博史・府川充男・小池和夫著『真性活字中毒者読本：版面考證／活字書体史遊覧』(柏書房，2001年)
- 向井裕一著『日本語組版の考え方』(誠文堂新光社，2008年)
- 松本八郎著『エディトリアルデザイン事始：編集制作のための造本科学』(朗文堂，1989年)
- 藤野薫代表編者『便覧文字組みの基準：デジタル時代の文字組版ガイド』(日本印刷技術協会，1999年)
- 日本エディタースクール編『文字の組み方ルールブック』タテ組編・ヨコ組編 (日本エディタースクール出版部，2001年)
- 工藤強勝監修『デザイン解体新書』(ワークスコーポレーション，2006年)
- 加納佑輔・佐藤雅尚著『ふつうのデザイナーのためのタイポグラフィが上手くなる本』(翔泳社，2023年)
- 阿部卓也著『杉浦康平と写植の時代：光学技術と日本語のデザイン』(慶應義塾大学出版会，2023年)
- 正木香子著『タイポグラフィ・ブギー・バック：ぼくらの書体クロニクル』(平凡社，2023年)

<校正関係>

- 家辺勝文著『活字とアルファベット：技術から見た日本語表記の姿』(法政大学出版局，2010年)
- 野村保惠著『本の品格：電子書籍にも必要な校正読本』(印刷学会出版部，2013年)
- 大西寿男著『校正のこころ：積極的受け身のすすめ』増補改訂第二版 (創元社，2021年)
- 牟田都子著『文にあたる』(亜紀書房，2022年)
- 日本エディタースクール編『校正記号の使い方：タテ組・ヨコ組・欧文組』(日本エディタースクール出版部，1999年)
- 岡崎洋三著『日本語とテンの打ち方』(晩聲社，1988年)
- 本多勝一著『日本語の作文技術』(朝日新聞社，1976年)
- 萩野貞樹著『みなさん，これが敬語ですよ』(リヨン社，2001年)
- ポール=シンプソン著，中山ゆかり訳『色のコードを読む：なぜ「怒り」は赤で「憂鬱」はブルーなのか』(フィルムアート社，2022年)

<印刷製本用紙関係>

・アンドルー=ペティグリー著，桑木野幸司訳『印刷という革命：ルネサンスの本と日常生活』新装版（白水社，2017年）

・田中薫著『書籍と印刷の話：活字文化は滅びない』（燃焼社，2000年）

・松田哲夫著，内澤旬子イラストレーション『印刷に恋して』（晶文社，2002年）

・みんなの印刷入門制作委員会『みんなの印刷入門』（日本印刷技術協会，2022年）

・関根房一著『製本加工はやわかり図鑑』（日本印刷技術協会，1993年）

・渋谷一男編『製本実務マニュアル』改訂版（渋谷文泉閣造本研究会，2014年）

・フランツィスカ=モーロック・ミリアム=ヴァスツェレフスキー著，岩瀬学監修，津田淳子協力，井原恵子訳『製本大全：裁つ，折る，綴じる。知っておきたい全技術』（グラフィックス社，2019年）

・八木健治著『羊皮紙の世界：薄皮が秘める分厚い歴史と物語』（岩波書店，2022年）

・尾鍋史彦総編集，伊部京子・松倉紀男・丸尾敏雄編『紙の文化事典』（朝倉書店，2006年）

・ローター=ミューラー著，三谷武司訳『メディアとしての紙の文化史』（東洋書林，2013年）

・ミルキィ=イソベ監修『造本解剖図鑑：紙から読み解く本づくりの極意』（ワークスコーポレーション，2008年）

・歌田年著『紙鑑定士の事件ファイル：模型の家の殺人』（宝島社，2020年）

・安藤祐介著『本のエンドロール』（講談社，2018年）

<ウェブ=サイト>

・e-Gov法令検索，日本産業標準調査会JIS検索，日本タイポグラフィ協会，日本図書設計家協会，日本印刷技術協会，日本印刷産業連合会，日本製紙連合会

<取材見学・資料探索>

・亜細亜印刷株式会社，株式会社渋谷文泉閣，公益財団法人紙の博物館，東京大学本郷キャンパス総合図書館，東京都豊島区立図書館中央館，株式会社バリューブックス

■

図書館のための出版キイノート3
編集の実務と印刷・紙・製本

2024年6月18日　初版第1刷発行

検印廃止

著　者　　宮　沢　厚　雄
発 行 者　　大　塚　栄　一

発 行 所　　株式会社 **樹 村 房**
〒112-0002
東京都文京区小石川5丁目11番7号
電　話　03-3868-7321
FAX　03-6801-5202
https://www.jusonbo.co.jp/
振替口座　00190-3-93169

表紙デザイン／宮沢厚雄
本文組版／BERTH Office
印刷・製本／亜細亜印刷株式会社

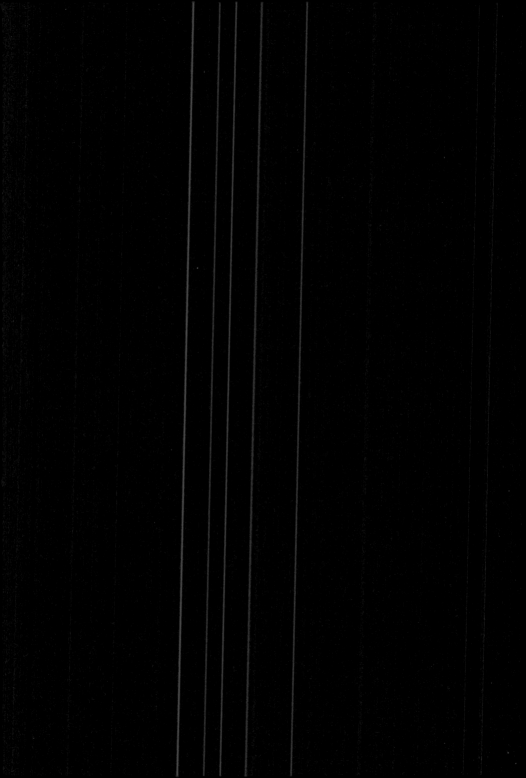